风口区块链

HOW THE BLOCKCHAIN CHANGING YOUR LIFE

顾炳文◎著

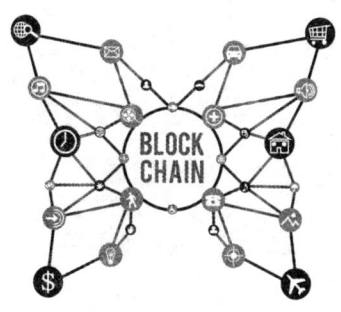

民主与建设出版社
·北京·

图书在版编目（CIP）数据

风口区块链 / 顾炳文著 . —北京：民主与建设出版社，2018.6
ISBN 978-7-5139-2176-3

Ⅰ.①风… Ⅱ.①顾… Ⅲ.①电子商务 - 支付方式 - 研究 Ⅳ.① F713.361.3

中国版本图书馆 CIP 数据核字（2018）第 114976 号

© 民主与建设出版社，2018

风口区块链
FENG KOU QU KUAI LIAN

出　版　人	李声笑
著　　　者	顾炳文
特 约 编 辑	陈了了
责 任 编 辑	刘　艳
封 面 设 计	刘红刚
出 版 发 行	民主与建设出版社有限责任公司
电　　　话	（010）59419778　59417747
社　　　址	北京市海淀区西三环中路 10 号望海楼 E 座 7 层
邮　　　编	100142
印　　　刷	北京时捷印刷有限公司
开　　　本	880mm × 1230mm　1/32
印　　　张	6
字　　　数	86 千字
版　　　次	2018 年 6 月第 1 版　2018 年 6 月第 1 次印刷
标 准 书 号	ISBN 978-7-5139-2176-3
定　　　价	39.80 元

注：如有印、装质量问题，请与出版社联系。

第一章　在风口上起舞：认识区块链 /001

"站在风口，猪都能飞起来"，小米创始人雷军的这一句话风靡了整个网络。大家心潮澎湃，奋力追逐着新的风口。这个时代什么最火？毫无疑问，是一夜间红遍大江南北的区块链！

1. 什么是区块链 /003
2. 区块链的分类 /009
3. 区块链的发展 /014
4. 区块链的价值 /019

第二章　区块链的灵魂：从哈希算法到共识机制 /025

针对区块链的算法，目前国内有两种理解方式：一种是指具体的哈希算法，比如 SHA256；另一种是指共识机制，比如工作量证明机制、权益证明机制等。之所以存在两种不同的理解方式，是因为最初从国外引进文献资料时，对概念的翻译比较模糊。很明显，两者属于不同的概念范畴，显然不能混为一谈，但是两者均为区块链体系中的重要组成部分，是区块链技术的基石。

1. 哈希算法 /027
2. 默克尔树 /033
3. 公钥密码算法 /037
4. 共识算法 /041

第三章 打破信任壁垒：让智能合约起飞 /047

谈到区块链就不得不说到智能合约，智能合约的发展可以追溯到20世纪末，随着现代社会经济的快速发展，它的应用也将越来越广泛。智能合约具备自治、自足、去中心化的特性，明显区别于传统协议。智能合约与区块链的结合必将给人类社会的发展带来非凡的意义。

1. 智能合约的发展 /049
2. 智能合约的要素 /054
3. 智能合约的优缺点 /058
4. 智能合约的实用性 /063

第四章 搭上快车，分享红利：区块链的应用 /069

区块链在多个领域有着很广泛的应用，它的出现不仅有利于提高金融业务处理的效率和安全性，同时在电子商务、防伪认证、科学医疗、能源利用等相关领域也起着越来越重要的作用。只有将区块链应用落地，才能真正搭上区块链这辆快车，参与分享区块链红利的盛宴。

1. 银行业务 /071
2. 证券业务 /077

3. 电子商务 /081
4. 防伪认证 /086
5. 科学医疗 /090
6. 能源利用 /094
7. 保险业务 /098

第五章　你一定要抓住的财富机会：区块链的商业机遇 /103

面对区块链的热潮，有人随波逐流，有人稳稳地抓住商机。商业从来都是对新技术敏感的行业，一种新技术或新模式下的应用往往会带来超额的利润。区块链优化了原有的互联网和商业模式，也促使金融体系变革，当然，最终的落脚点还是人们的生活。

1. 新的互联网模式诞生 /105
2. 打通实体经济生产流通 /110
3. 优化商业运行模式 /115
4. 金融体系变革 /119
5. 颠覆人们的生活方式 /123

第六章　别把区块链当万能钥匙：区块链的风险与挑战 /129

区块链存在着巨大的实用价值和发展前景，但同时也必须承认，现阶段区块链的发展同样面临着很多的风险和挑战。它有可能会遭受攻击，也可能暴露隐私，甚至会被不法分子利用，进行违法犯罪行为。要抓住区块链这一风口，必须了解并规避在这一过程中可能存在的风险与挑战。

1. 攻击性与安全性 /131
2. 匿名性与隐私性 /137
3. 不断增长的数据管理 /141
4. 去中心化的违法风险 /145
5. 我国龙头企业的区块链布局 /147

第七章 未来已来：区块链的研究与展望 /157

基于对区块链良好发展前景的认同，很多企业、学校和社会组织等已经对区块链展开了较为深入的研究，相关成果也在一定程度上反映了区块链的发展和未来。无论如何，区块链的风口已来，未来值得期待。

1. 万向区块链 /159
2. 中国区块链应用研究中心 /163
3. 北航数字社会与区块链实验室 /166
4. 洪晟互联网基金会 /172
5. 区块链投融资分析 /175
6. 我国区块链的未来与发展 /180

CHAPTER 1 第一章 在风口上起舞：认识区块链

"站在风口，猪都能飞起来"，小米创始人雷军的这一句话风靡了整个网络。大家心潮澎湃，奋力追逐着新的风口。这个时代什么最火？毫无疑问，是一夜间红遍大江南北的区块链！

"站在风口,猪都能飞起来",小米创始人雷军的这一句话风靡了整个网络。大家心潮澎湃,奋力追逐着新的风口。这个时代什么最火?毫无疑问,是一夜间红遍大江南北的区块链!

区块链作为一个短时间在网络和现实中迅速蹿红的词汇,对于普通人而言,首先它是陌生的,抽象的,与平日里所熟知的事物存在区别。有的人将其视为一个巨大的商机或机会,也有的人对于区块链存在一定的恐慌,认为区块链可能会对其所从事的行业或工作产生颠覆性的影响。但无论你对于区块链的态度如何,无论它是否会产生这样或那样积极、消极的影响,你都应当对它有全面清晰的认识,来规划指引你未来的生活和工作。

1. 什么是区块链

区块链,作为一项崭新的、跨时代的伟大技术,正不断刷新着人们的想象，改变着整个世界。历史承载了新技术的故事，无论是蒸汽机、互联网还是区块链，一切技术的演变都充满了机遇与挑战。

区块链（Blockchain），字面意思就是由（交易数据的）区块所组成的链条。区块链，最早且最被人熟知的应用是比特币（Bitcoin）。

比特币，最初由中本聪提出，是一种点对点（P2P）形式的数字货币。点对点的传输，意味着这是一个去中心化的支付系统。比特币不需要特定的货币机构发行，而是根据特定的算法，通过大量的计算产生。比特币在网络交易过程中，可以记录和确认交易行为，且不可随意改变，尤其采用密码学设计，进一步确保交易过程的安全性。由于比特币去中心化的特性，其无法大量制造，也不能人为操控币值。比特币可以用来兑换商品，比如购买虚拟产品，当然只要交易双方认可，比特币也可以购买实体产品。

简单了解了区块链最广泛的应用之后，我们该如何理解区块链本身呢？其实，区块链本质上是一个去中心化和信任化的数据库，是一连串使用密码学方法产生关联的数据块，其利用数据存储、点对点传输、共识机制、加密算法等，让每个数据块都包含某一段时间内网络上交易的数据信息，以用于验证信息是否有效，并生成下一个区块。可以说，区块链是一个利用去中心化和去信任化的方法，依靠集体来共同维护的可靠的数据库技术方案。

通俗一点说，区块链是一场全民参与的记账，所有的系统背后都有一个数据库，你可以把这个数据库看成一个巨大的账本。当然，这个大账本并非由特定的人来记账，取而代之的是一种软件。我们可以把交易的双方或者多方当作区块链的客户端软件，每个人都在不同的设备上独立记账，而区块链就好似一个巨大的平台，每个客户端所记的账都会在这个平台上展示出来。各方通过这种方式建立联系，加强信任，一旦一方出现问题或者遇到紧急情况，则可以由一个人通知到所有人，避免人与人一对一传话，节省了沟通成本。当然这些人都必须在区块链范围之内。

那么，这样记账能够保证准确无误吗？

首先，我们要明白，区块链属于一种技术方法，可以实现不同类型的业务，不论大小，不分类别。虽是独立记账，但双方或者多方记账的结果必须保持一致。这就要求记账的双方或者多方必须遵守约定俗成的游戏规则——系统会对客户端软件记账的内容进行统计归纳，以最佳的记账数据为标准，公布给客户端的每个人。每个客户端收到数据后，将自己的记账数据与之进行比对，若匹配，则没有问题；若不匹配，则说明记账有误，需要进行查验纠正，直到符合要求，再记录到自己的账本之中。

可以说，区块链颠覆了传统的网络交易模式。区块链的信息节点在网络上，每个参与的客户端都有机会去竞争记账，参与的人越多，数据越精准。所记账目首先存储在一个数据区块中，记录完毕后对外发布，然后由所有参与人进行核对，确认无误后再记回到自己的账本之中。

对于记账最符合标准的人，因为他们付出了比其他人更多的时间和精力，区块链为其制定了一套奖励机制，同时也鼓励大家在遵守游戏规则的前提下，都争取到这份奖励。

有人提出了新的问题，是否存在冒用他人身份进行恶意破坏的现象呢？其实这大可不必担心，区块链系统是通过密码算法来实现的，具体来说是通过一种叫公开密钥算法的机制来实现的。密钥分为私钥和公钥。私钥自己操作和保管，而公钥则可以对外公开，交给真正有需求的人。拿到公钥的人并不能直接使用，而是需要通过一系列流程对其进行身份验证，说白了就是需要实名认证才可以使用公钥，否则公钥是发挥不了任何作用的。

公钥的实名认证对那些想投机倒把的人有强大的约束力，那么，私钥是不是没有任何意义呢？其实不然，公钥和私钥必须配合使用才可能发挥其真正的意义。公钥加密的数据要用对应的私钥来解密，同样道理，私钥加密的数据也必须用对应的公钥来解密，若无法对应，即便同时拿到公钥和私钥也是无效的，没有办法使用。这一机制，不仅保证了区块链的规则有序运行，更保障了大家的交易安全。

通过以上介绍，我们大致了解了区块链的概念及应用的基本原理。简单来说，就是大家在一个共同的区域内各自独立记账，然后根据统计分析选出最适合的参照数据，并对每个人的数据进行验证,保证大家都能够积极、主动、正确地记账。每个客户都有一对密钥,通过系统,在网络中定向发送最有价值的数据,保证双方健康、有序、快速地完成交易。

2. 区块链的分类

区块链的类型主要有公有链、私有链、联盟链、侧链、互联链等,下面将为大家逐一介绍。

公有链

公有链是指全世界任何人在任何时候、任何地方都可以加入,并且可以任意读取数据、发送交易、获得有效确认与认可的区块链,所有人都能参与共识过程。所谓共识过程,就是决定哪个区块可被添加进区块链中并明确当前状态的一个过程。

作为中心化或者准中心化信任的替代物,公有链的安全由共识机制来维护。共识机制遵循每个人获得的经济奖励与对共识过程做出的贡献成正比这一原则,采取工作量证明或权益证明等方式,将经济奖励和加密算法验证相结合。这些区块链通常被认为是完全去中心化的。

在公有链中，程序开发者无权干涉用户，所以公有链可以保护使用该程序的用户权益。这在传统的经济学角度看来，的确难以理解，程序开发者为何愿意放弃自己的权限？然而，随着互联网崛起，协作共享的经济模式为此提供了两个理由：第一，如果你明确选择做一些很难或者不可能的事情，其他人会容易信任你并与你产生互动，因为他们相信那些事情不大可能发生在自己身上；第二，如果你受他人或者其他外界因素强迫，无法做自己想做的事情，那么，你可以把"即使自己愿意，也没有能力去做"作为谈判的筹码。这就是公有链最大的优势。

私有链

私有链是指其写入权限由某个组织或机构控制的区块链，其读取权限或者对外开放，或者被进行了任意程度的限制。很多人对区块链尚留存私有链有些难以理解，事实上，中心化和去中心化是相对而言的，私有链可以看作是一个小范围系统内部的公有链。如果从系统外部来观察，可能觉得这个系统是中心化的，但以系统内部每一个节点的眼光来看，每个节点的权利都是去中心化的。而对于公有链，某种程度上也可以看作是地球上的私有链，只有地球人的大脑系统才可以接入。因此，私有链完全是有其存在的价值的。

联盟链

联盟链的网络范围介于公有链和私有链之间，使用在多个成员角色的环境中，比如，银行之间的支付结算、商贸公司之间的物流等，这些场景往往都需要由不同权限的成员参与。与私有链一样，联盟链系统一般也具有身份认证和权限设置，而且节点的数量往往也是确定的，这非常适合处理结构之间的事务。联盟链并不一定要完全管控，比如政务系统，如果有些数据允许对外公开，那就可以开放部分网络。联盟链一般用于明确的结构之间，因此与私有链一样，节点的数量和状态是可控的，通常也采用更加节约能效的共识机制。

侧链

所谓侧链，就是能和比特币区块链交互，并且与比特币挂钩的区块链。大家都知道，比特币系统是一个虚拟货币平台，由于其规则已经相对固定，很难在比特币上做出大的修改，毕竟一旦修改，系统会引起分叉，影响现有的比特币用户。要想在比特币平台上创新或者扩展十分困难。一般来说，大部分代币系统是通过使用比特币平台做基础，重构一条区块链。然而，这些代币从无到有再到价值被大家认可，是非常有难度的，这就需要一个介质来代替代币与比特币挂钩，侧链应运而生。比特币是大家公认的公共链，是很多代币的基础，但比特币的设计规则决定了比特币的局限性，通过侧链来扩展比特币的功能是一个非常有效的做法。

互联链

如今我们生活在不断发展的物联网时代，人们的衣食住行都离不开它，互联互通带来的能量相当巨大。在当下区块链这个风口上,各种区块链系统不断涌现,有的实现了数字货币,有的实现了智能合约,有的实现了金融交易,其中有些是公有链,有些是联盟链,五彩缤纷,功能各异,不断刷新着玩法。那么,如果把这些区块链系统彼此互联,会发生什么样的化学反应呢?与传统软件不同,区块链拥有独特的性质,从技术的角度来说,区块链系统之间互联,可以让每个系统取长补短,相互验证,从而加强系统的可靠性,提高性能。

从最初的数字货币到未来的区块链可编程社会,这些不单单会改变生活服务方式,更会促进社会结构的变革。如果说每一条链是一条神经的话,那么把所有的链连起来,就形成一个神经系统,这将会给我们的社会发展带来无法想象的新层次智能化,科技变革的红利也一定会分享给每一个把握住机遇的人。

3. 区块链的发展

区块链作为互联网时代的新风口，在全球掀起一股金融科技狂潮，世界各大金融机构、企业争相研究区块链技术，对人们的生活产生广泛而深刻的影响。区块链从诞生到现在，主要经过了三个发展阶段。

第一阶段：区块链1.0，指以比特币为代表的可编程货币的应用。

比特币可谓当今最火热的货币，它的出现让人们对虚拟数字货币有了新的认识。比特币诞生的初衷，是希望在虚拟社会中建立一个大家彼此信赖的、自由的、无中心且有序的货币交易世界。在那里，因为交易自由无障碍，交易次数会更频繁，也会产生更大的利润空间，这自然是每个人都追求的。

比特币刚诞生的时候，并没有"区块链"这个概念，人们用

bitcoin（小写b）表示比特币，用Bitcoin（大写B）表示其底层技术，也就是我们现在说的区块链技术。区块链1.0最主要的就是以比特币为代表的可编程货币的应用，它不仅具备了支付、流通等货币职能，还具备了去中心化的交易平台的功能。可编程货币的出现让价值在互联网中直接流通交换变成可能。可编程，是指通过预先设置的指令，能够对外部刺激做出反应并完成复杂的动作。可编程货币，即预先设置某些货币在特定时间拥有特定用途，这对于政府资金专款专用等方面有着重要的意义。

大家都知道，比特币是一个全新的数字化虚拟支付系统，其去中心化和基于密钥的毫无障碍的货币交易模式，在保证安全性的同时也大大降低了交易成本，对传统金融体系可能产生颠覆性的影响。它刻画出了一幅理想的交易愿景——全球货币统一，货币发行流通不再依靠各国的中央银行。

但是，凡事都有两面性，作为新生技术的区块链当然也不例外。比特币去中心化的特性意味着政府无法监控，极容易出现价格上的剧烈波动。此外，比特币的区块大小无法满足频次越来越高的交易，仅限于数字货币的交易和支付功能也使得区块链技术无法进入普通人的日常生活。

区块链1.0设置了全新的货币起点，但是要构建全球统一的区块链网络还有很长的路要走。

第二阶段：区块链2.0，指在以太坊区块链基础上做其他的应用开发。

如果说比特币是区块链1.0的起点，它象征着全新金融货币体系的诞生，那么以太坊就是区块链2.0的核心代表，它代表了信任的建立和价值的传递。

以太坊是由维塔利克·布特林（Vitalik Buterin）构建的一个底层区块链系统，在此系统之上，可以支持任何复杂运算的分布式程序运行。国内外大量区块链项目都在以太坊基础上建立，应用最广泛的非属金融领域不可。

金融业或将成为最先迎来区块链风口的领域。随着数字货币的快速发展，很多金融机构引入了区块链技术，开启可编程金融之路。现在我们耳熟能详的股票、私募股权都是区块链可编程金融的初步尝试领域，金融交易所也在积极尝试利用区块链技术实现股权登记、转让等功能。

目前商业银行基于区块链的应用主要有：一、点对点交易，如基于点对点的跨境支付、贸易结算、金融衍生品合约的买卖等；二、登记，区块链具有可信任可追溯的特点，因此，可作为可靠的数据库来记录各种信息，如运用在存储客户身份资料及交易记录上；三、认证，如土地所有权、股权等转让合约或者财产的真实性验证等；四、智能管理，即利用智能合同，自动检测是否具备生效的各种环境，一旦满足了预先设定的程序，合同会自动处理，比如自动付息、分红等。

目前，包括商业银行在内的金融机构都开始研究区块链技术并且尝试将其运用到实践中去，现有的传统金融体系正在逐渐被区块链技术所颠覆。在未来，区块链一定会冲破金融的桎梏，被运用到更多行业之中。

第三阶段：区块链3.0，指区块链扩展延伸到其他领域进行大规模商业化。

在区块链 3.0 时代，区块链技术在金融行业以外的其他领域也逐渐变得热门起来。区块链可以让交易双方建立直接的关系，无须通过信任的第三方进行交易担保。这样不仅提高了行业的运行效率，而且大大降低了彼此的成本。虽然现在尚无法实现大规模商业化，但是我相信，不出几年，区块链的去中心化协同共享模式将会成为经济生活的新状态。

其实，区块链 1.0、区块链 2.0、区块链 3.0 它们之间并非是递进的关系，而是三个平行发展的阶段，在各自的领域内发挥自己应有的作用。通过区块链技术，许多应用和工具能够进入可编程姿态和智能姿态，完成非常复杂的操作。

总之，比特币的成功以及金融领域的尝试性运用，使社会对区块链的关注度和投资热度不断上涨，区块链的发展进入了黄金时代，我们必须抓住这一机遇，为社会创造更多的价值。

4. 区块链的价值

区块链技术不是一刀切技术，而是一揽子技术，这些技术在不同领域内的应用要求不同，最终形成的区块链特点也不尽相同。人们根据不同的需求，对区块链技术进行有针对性的组合和创新，真正实现因人而异、因地制宜，这不仅促进了区块链的发展，也加速推动了采用区块链技术的行业与领域的进步。

在区块链的众多特性中，去中心化是核心特点之一，这建立在数据信任的基础之上。顺利的交易离不开信用和信任，无论是不发达的旧社会，还是日新月异的新时代，没有信用和信任是难以建立平等交易的。随着互联网、大数据、物联网等信息技术的广泛应用，网络空间的信用作为数字化社会的基石，有着举足轻重的作用和意义。传统来说，信用机制是中心化的，而中心化的信任和信用机制必然使中心机构成为价值链的核心,这也容易引发问题。而区块链技术则首先在人类历史上实现了去中心化的大规模信用机制,在消除中心机构超级信用的同时,保证信用机制安全、高效地运行。

由此可见,区块链的价值非同小可,甚至可以被认为是颠覆世界的,其价值主要体现在以下几方面。

简化交易流程,提高工作效率

区块链具有去中心化的特点,它实现了点对点的直接对话,无须借助其他中间介质建立信任,减少了流程,能够显著提高工作效率。区块链技术是参与方之间通过共享信息、共享共识而建立起来的公共账本,因此区块链中的信息自始至终都是参与方彼此认可的,且信息可溯源、不可篡改,原来众多重复验证的流程和操作就可以被简化和省略,从而提高工作效率。

降低交易双方的信用风险

在传统的网络交易中,由于我们彼此面对的都是陌生人,互相不了解,因此,要想交易,我们必须借助有良好信用基础的第三方平台。比如,我们在淘宝购物,付款时并非将钱直接支付给对方,而是先将钱支付到第三方平台支付宝上,当确定交易没有问题之后,再通知第三方平台将钱支付给对方。这一流程,的确保证了双方的利益,但与此同时,也给彼此和第三方平台增加了劳动强度。与传统交易需要彼此信任不同,区块链交易使用智能合约等方式,保证交易多方完成相应的义务,确保交易的安全,从而降低双方的信用风险。

降低成本,提升资产利用效率

由于区块链的去中心化信任机制,区块链技术可以实现实时的交易清算和结算,从而减少结算和清算的时间,降低结算和清算的成本。最明显的对比就是我们去银行办理业务时,需要拿号排队、柜台对账、结算、清算等,花费大量的时间和精力,而如果采用区块链技术,这些流程都可以被简化,大幅度节省工作时间,提高工作效率。与此同时,交易中的资金锁定时间减少,资金流动加速,提升了资产的利用效率。

提升监管效率,避免欺诈行为出现

区块链技术下的智能合约不可撤销、不可抵赖、不可篡改,参与方自动合规合理,交易过程完全透明,从技术上规避了欺诈行为。目前,一些大公司发起了反药品伪造项目,在这个项目里,每个厂家生产的药品都会附带相应的生产时间记录,包括药物的整个供应流程,并保存在区块链上,这样相关部门就可以随时检测药品的生产时间和地点,从而有效对抗市面上的假药,对保护患者生命健康具有十分重要的意义。我们可以设想,如果未来人们通过各种形式的区块链实现自己的需求,那么,全社会将形成一种新的运作体系,人与人之间彼此信赖,自发监管,带来的经济意义和社会意义将是颠覆性的。

当下,各个行业的人不断涌入区块链行业,区块链技术在金融、能源、法律、医疗等行业风生水起。路漫漫其修远兮，区块链归根到底是一项技术，如何将技术落地，开发商业应用，建立新的商业模式，打开未来新局面，是区块链发展中最重要的问题。

CHAPTER 2 第二章 区块链的灵魂：从哈希算法到共识机制

针对区块链的算法，目前国内有两种理解方式：一种是指具体的哈希算法，另一种是指共识机制。两者属于不同的概念范畴，显然不能混为一谈，但是两者均为区块链体系中的重要组成部分，是区块链技术的基石。

针对区块链的算法，目前国内有两种理解方式：一种是指具体的哈希算法，比如SHA256；另一种是指共识机制，比如工作量证明机制、权益证明机制等。之所以存在两种不同的理解方式，是因为最初从国外引进文献资料时，对概念的翻译比较模糊。很明显，两者属于不同的概念范畴，显然不能混为一谈，但是两者均为区块链体系中的重要组成部分，是区块链技术的基石。

1. 哈希算法

哈希（Hash）这个词对大多数计算机从业者来说并不陌生。哈希函数是一种数学函数，可以将任意长度的字符串，在有限的时间内，压缩为一个较短的、固定长度的二进制值，这个输出值我们称之为哈希值或者散列值。

哈希算法以哈希函数为基础，在现代密码学中扮演了非常重要的角色。它常常用于实体认证和实现数据完整性,是多密码体制和协议的安全保障。

哈希算法在区块链中有着广泛的应用。比如,既可以表示数据的实际内容又能够指示数据存储位置的哈希指针(Hash Pointer)、可进行快速查找的布隆过滤器(Bloom Filter)、用于区块头和简单支付验证(SPV)的默克尔树(Merkle Tree)、工作量证明等。可以说,哈希算法贯穿区块链系统的方方面面。

那么,哈希算法该如何鉴定呢?在密码学上,哈希算法拥有以下性质:第一,函数的输入可以是任意长的字符串;第二,函数的输出是固定长度的字符串;第三,函数的计算过程是有效率的。综合来说,哈希算法就是通过一个方法,将输入的任意字符串转换成一个固定长度的值,这个值相当于一个新的身份证号,通过哈希算法计算出的结果,无法通过任何算法,还原出原始的数据,即它具有单向性,因此,哈希值能被当作"身份证号",适用于需要进行身份验证的场合。同时,它的高灵敏度,也可以用于判断数据是否完整,只要数据发生变化,哪怕变化十分微小,重新计算后的哈希值也会与之前的不一样。

为了保证密码学上的安全性,哈希函数一般都必须满足以下两个条件。

抗碰撞性

哈希函数的抗碰撞性是指寻找两个能够产生碰撞的消息在计算上是不可行的。简单来说,如果输入值不同,输出结果也不同。这就好比我们买火车票,理论上,购买同一趟列车时,不同身份证号买到的座位号是不一样的。必须说明的是,找到两个碰撞的消息在计算上不可行,并不意味着不存在两个碰撞的消息。哈希函数是把大空间上的消息压缩到小空间上,碰撞肯定存在,只是计算上是不可行的。

可隐藏性

哈希算法是一种单向密码体制,只有加密过程,没有解密过程,也就是说,即便有人事先知道了哈希函数的输出结果,想要伪造，也不可能在足够的时间内破解其输入值。这个特性可以应用在防伪方面。比如，有人想伪造公园门票，因为门票是公开的，大家都看得到摸得着，传统的制票技术很容易让人钻空子，而哈希函数相当于给制票增加了一道隐匿的工艺，让造假者明知道输出的样子，却无法造出一模一样的票来。

哈希算法固定的输出值与多种多样的原始数据，注定了存在不同原始数据输出同一个哈希值的可能。理论上，当原始数据的数量极其庞大时，就有可能出现这样的情况。以邮件系统的抗垃圾邮件算法为例，全世界的邮件地址多如牛毛，格式也千变万化，针对这一情况，通常会对邮件地址进行多种哈希计算，将计算出来的多个哈希值联合起来，综合判断是否存在相同的邮件地址，这也是布隆过滤器的基本原理。

在哈希算法中，这两类算法最为常用，一个是 RIPEMD160，另一个是 SHA256。RIPEMD160 主要用于比特币地址的生成，而 SHA256 是区块链中应用最广泛的算法。

SHA256 是安全哈希算法，即 SHA（Secure Hash Algorithm）

系列算法之一,其消息摘要的长度为256位,故称为SHA256。SHA系列算法是由美国国家安全局设计,美国国家标准与技术研究院发布的一系列密码散列函数。第一个SHA算法发布于1993年,之后变体相继发布,包括SHA1、SHA224、SHA256、SHA384和SHA512,后面四者也被称作SHA2算法。SHA256算法是SHA2算法簇中的一类。对于任意长度的消息,SHA256都会产生一个32字节(即256位长度)的数据,称作消息摘要。在传输的过程中,数据很可能会发生改变,这时候就会产生不同的消息摘要。当接收消息时,我们就可以用消息摘要来验证数据的完整性,检查是否发生变动。

SHA256是构造区块链的主要哈希函数。为保证数据的完整性,无论是区块的头部信息还是交易数据,都使用SHA256去计算相关数据的哈希值。同时,基于寻找给定前缀的SHA256哈希值,区块链系统中设计了工作量证明的共识机制;SHA256也被用于构造比特币地址,以识别不同的用户。

SHA256是一个迭代结构的哈希函数,其计算过程分为两个阶段：预处理和主循环。预处理阶段，主要完成消息的扩展和填充，将所有原始消息转化为 n 个 512 位的消息块，之后进入主循环阶段，利用 SHA256 对每个消息块进行压缩处理，当最后 1 个消息块（第 n 块）处理完毕后，输出最终值，即所输入原始消息的 SHA256 哈希值。

2. 默克尔树

默克尔树（Merkle Tree）是区块链的基本组成部分。虽然从理论上来讲，我们只需要创建一个包含每一笔交易的巨大的区块头，就可以不使用默克尔树，但是这显然是不现实的，它无论对应用的扩展性还是计算机的运行性能都有着非常大的挑战。默克尔树的存在，让以太坊的节点可以建立并运行在所有的计算机、智能手机，甚至是物联网设备之上。那么，默克尔树究竟是什么，它又能提供什么价值呢？

默克尔树，通常也被称作哈希树（Hash Tree），顾名思义，就是存储哈希值的一棵"树"。默克尔树的"叶子"是数据块（例如，文件或者文件集合）的哈希值，非"叶子"节点上的值是其对应子节点的串联字符串的哈希值。也就是说，默克尔树是对大量聚集在一起的数据块进行哈希计算的一种方式，它将这些数据块分裂成较小单位的数据块,然后取每个较小单位的数据块再次进行哈希计算,重复同样的过程,直至产生根哈希值。

默克尔树最为常见和最简单的形式,是二叉默克尔树,其中一个较小单位的数据块总是包含了两个相邻的块。虽然,在不同的区块链系统中,默克尔树的细节不同,但其本质都是一样的。我们以比特币中的默克尔树为例,比特币中的默克尔树是二叉树,每一个区块都存在默克尔树。首先,将区块中的交易事务分别计算出哈希值,不同的哈希值两两结对,算出新的哈希值,然后再将新的哈希值两两结对,进行哈希计算,递归循环,直到计算出最后一个根哈希值,这样的结构树就是默克尔树。

那么,这种奇怪的哈希算法有什么好处呢?为什么不直接将这些数据块串接成一个单独的大块,用常规的哈希算法运行呢?答案在于,它创造了默克尔证明。一个默克尔证明包含了一个数据块、这棵默克尔树的根哈希值,以及所有沿数据块到根路径的分支。有人认为,这种证明可以验证哈希计算的过程。应用也很简单:假设有一个大数据库,而该数据库的全部内容都存储在默克尔树中，并且这棵默克尔树的根是公开并且可信的，那么，假如有个用户想在数据库中查找一个数值，他就可以利用默克尔证明，获得特定的数值。默克尔证明既可以验证少量的数据，也可以验证大型甚至是无限的数据库。

默克尔树一般用作处理完整性验证，因其结构的显著优势，默克尔树能够大大减少数据的传输数量及计算的复杂程度。如今，默克尔树的树形结构已经被广泛应用到了信息安全的各个领域，比如证书撤销、源组播认证、群密钥协商等。

基于默克尔树的数字签名方案不需要太多的理论假设，仅依赖哈希函数的安全性即可，这使得基于默克尔树的数字签名更加安全、实用。

举一个生活中常见的例子。当我们签订一份 n 页的合同时，通常会在每页合同上签名。但是因为每一页上的签名都一模一样，很容易被人仿造。如果我们利用默克尔树进行数字签名，即在每一页合同上盖一个数字印章，并且每一页上的数字印章是前一页数字印章和本页内容一起使用哈希算法生成的哈希值，那么签名的安全性就大大增加了。具体来说：

①合同第一页的数字印章是本页内容的哈希值；

②合同第二页的数字印章是第一页的数字印章及第二页内容加在一起后再运行哈希函数产生的值；

③合同第三页的数字印章是第二页的数字印章及第三页内容加在一起后再运行哈希函数产生的值；

④上述过程以此类推。

这样，若篡改了第一页合同，必然会使其哈希值与第一页上的数字印章不符，其后的第2、3、4、5……n页也是如此。

这就是默克尔树的优势——我们不仅能知道信息是否被篡改，还能知道是哪一块信息被篡改了。

3. 公钥密码算法

公钥密码算法是现代密码学发展过程中的一个里程碑。公钥密码算法中的密钥分为公开密钥和私有密钥。公开密钥与私有密钥是用户或系统产生的一对密钥,其中的一个公开,称为公钥,另一个自己保留,称为私钥。如果用公开密钥对数据进行加密,那么只有用对应的私有密钥才能解密;如果用私有密钥对数据进行加密,那么只有用对应的公开密钥才能解密。由于公钥与私钥之间存在依存关系,所以只有用户本身才能解密信息,而加密和解密使用的是两个不同的密钥,所以这种算法也被叫作非对称密码算法。举例来说,如果 A 要使用公钥密码算法向 B 传输机密信息,则 A 首先要获得 B 的公钥,并使用 B 的公钥加密原文,然后将密文传给 B,B 使用自己的私钥才能解开密文。

公钥密码算法有两个重要原则:第一,要求在加密算法和公钥都公开的前提下，其加密的密文必须是安全的；第二，要求所有加密的人和掌握密钥的解密人的计算或处理比较简单，而其他不掌握密钥的人，破译极其困难。

在公钥密码算法的研究中，其安全性都是基于数学上难解的可计算问题，如：大数分解问题、计算有限域的离散对数问题、平方剩余问题、椭圆曲线的对数问题等。基于这些问题，公钥密码算法生成了各种公钥密码体制，椭圆曲线密码算法和RSA加密算法是其中的两个重要方面。

椭圆曲线密码算法

椭圆曲线是满足一个特殊方程的点集，注意，不要跟标准椭圆方程混淆，那根本就是两回事，椭圆曲线方程是这样的：
$y^2=x^3+ax+b$

在几何意义上，一个椭圆曲线通常是满足一个变量为2阶，另一个变量为3阶的二元方。按照这样的定义，椭圆曲线有很多种，而椭圆曲线密码算法是基于椭圆曲线数学的一种公钥密码算法，其主要的安全性在于利用了椭圆曲线离散对数难题。

椭圆曲线密码算法实现了数据加解密、数字签名和身份认证等功能,该技术具有安全性高、生成公私钥方便、处理速度快和存储空间小等方面的优势。相对于其他公钥密码算法,椭圆曲线密码算法在实际开发中运用得更广泛,比如,比特币就是使用了椭圆曲线中的SECP256k1算法,为比特币系统提供128位的安全保护。

RSA加密算法

RSA加密算法是以它的三个发明者罗纳德·李维斯特(Ron Rivest)、阿迪·萨莫尔(Adi Shamir)和伦纳德·阿德曼(Leonard Adleman)的名字首字母命名。RSA加密算法是一种常见的非对称加密算法,是目前最有影响力的公钥加密算法,它能够抵抗到目前为止已知的所有密码攻击,已被国际标准化组织推荐为公钥数据加密标准。RSA的安全性基于一个十分简单的数论事实:将两个大素数相乘十分容易,但想要对其乘积进行因式分解却极其困难，因此可以将乘积作为加密密钥。RSA 的公钥和私钥是一对大数，将一个公钥和密文恢复成明文，等价于分解两个大素数之积，这是公认的数学难题。

RSA 的安全性基于大数因数分解难题，但并没有从理论上证明破译 RSA 的难度与大数因数分解难度等价，无法从理论上把握它的保密性是 RSA 的重大缺陷。不过，RSA 从提出到现在三十多年，经历了各种攻击考验，被认为是当下最安全的公钥方案之一。当然，RSA 也存在其他的缺点，比如产生密钥很麻烦、受限于素数产生的技术、分组长度太大、运算代价高、速度慢等。

与对称密码技术相比较，利用非对称密码技术进行安全通信，通信双方事先不需要通过保密信道交换密钥，安全性高，密钥持有量大大减少，易于管理，同时还能够提供对称密码技术很难提供的服务，比如与杂凑函数联合运用可生成数字签名等。

4. 共识算法

区块链共识算法的核心之一是拜占庭协定。拜占庭将军的故事大概是这样的：拜占庭是东罗马帝国的首都，拥有巨大的财富，周围有十个邻邦，对首都的财富垂涎已久。但拜占庭高墙耸立，固若金汤，任何一个邻邦入侵都会失败，同时自身也有可能被其他邻邦入侵。拜占庭帝国的防御能力非常强，至少要十个邻邦一半以上同时进攻，才有可能攻破。如果其中一个或者几个原本答应一起进攻的邻邦在行动时发生叛变，那么入侵者可能都会被歼灭。于是，每一方都小心行事，彼此不敢轻易相信。这就是拜占庭将军问题。

拜占庭将军问题的实质就是要寻找一个方法，使得将军们能在一个有叛徒的非信任环境中建立对战斗计划的共识。与拜占庭将军问题的环境类似，在去中心化系统中，特别是在区块链网络环境中，每个将军都有一份与其他将军实时同步的消息账本。账本里有每个将军的签名，从而可以验证将军的身份。一旦出现签名不一致的情况，我们就可以知道是哪些将军发生了叛变。尽管叛变的拜占庭将军可以任意地进行破坏，比如不响应消息、发送错误信息、对不同节点发送不同决定等，但是，只要超过半数的将军同意进攻，那么少数服从多数，就完全有可能实现共识。

在去中心化系统中，要达成共识，必须寻找一个共同算法和协议并且满足以下属性：

一致性——所有的非缺陷进程都必须同意一个值；

正确性——如果所有的非缺陷进程有相同的初始值，那么所有非缺陷进程所同意的值必须是同一个初始值；

可结束性——每个非缺陷进程必须最终确定一个值。

要想最终实现共识算法，一般需要采用工作量证明机制（POW算法）或权益证明机制（POS算法）。

工作量证明机制（POW）

区块链是一个基于互联网的去中心化账本，每个区块相当于账本页，交易内容是区块中记录的信息主体。账本内容的唯一性，要求记账行为必须是一个中心化的行为。然而，一旦中心化的系统中某个单点出现错误，就可能令整个系统面临危机甚至崩溃。去中心化记账可以克服中心化账本的弱点，但同时也会带来记账行为不一致的问题。在去中心化记账系统中，每个节点都会保留一份完整的记账本，但是大家不能同时记账，否则会导致每个节点收到不同的信息，失去记账的一致性，从而产生混乱。因此，到底谁有权记账，我们需要有一个共识机制来决定。

比特币系统设计了以每个节点的计算能力（即"算力"）来实现去中心化系统记账的一致性问题。

那么，如何来判定谁的记账算力最优秀呢？这就需要一个考量的标准——工作量证明。简单地说，工作量证明就是一份确认工作端做过一定量工作的证明。工作量证明机制的主要特征是计算的不对称性。工作端通过一定难度的工作得出一个结果，而验证方通过结果可以很容易地检查工作端是不是做了相应的工作。

工作量证明机制下的共识记账是通过一个什么流程来完成的呢？

在客户端产生新交易的时候，客户端会主动向全网进行广播，要求各个节点对交易进行记账，每个记账节点一旦收到该请求，就会将交易信息纳入一个区块中，通过工作量证明机制，尝试在自己的区块中，找到一个具有足够准确度的工作量证明。当某个节点找到了一个工作量证明，它就会向全网进行广播，当且仅当包含在该区块中的所有交易都有效且之前从未存在过时，其他节点才认同该区块的有效性，表示它们能够接受该区块，跟随该区块的末端，制造新的区块，从而延长整个区块的链条。

权益证明机制（POS）

人们在记账过程中发现，工作量证明算法存在不少明显的弊端，因为其机制决定了谁的算力强，谁就能拥有更大的记账权，获取更多的收益，所以在记账过程中造成了巨大的能源浪费。

为了解决这个问题，工作量证明机制的替代者——权益证明机制被提了出来。

权益证明机制（Proof of Stake）直译过来就是股权证明机制，通过计算你持有的币数占总币数的百分比以及占有币数的时间来决定记账权。类似于股票，股票持有量多的，拥有更多的投票权和收益权。点点币（Peercoin）是率先采用权益证明机制的数字货币。

那么，权益证明机制如何应用呢？

点点币引入了币龄的概念，使得SHA256的哈希运算的难度与交易的币龄成反比。在点点币中，币龄被定义为拥有币的天数与币数量的乘积，这使得币龄能够反映交易时刻用户所拥有的权益数量。简单来说，权益证明机制就是根据持有货币的量和时间来发放利息。在权益证明机制下，每个币每天产生1币龄，如你持有100个币，总共持有了30天，那么，你的币龄就为3000，这个时候，如果你发现了一个POS区块并签名，你的币龄就会被清空为0。你每被清空365币龄，你将会从区块中获得0.05个币的利息（假定利息可理解为年利率 5%），那么在这个案例中，利息 =3000×5%÷365=0.41 个币，这下就很有意思了，持币可以产生利息。

　　实际上，点点币的权益证明机制结合了随机化与币龄的概念，至少 30 天未使用的币可以参与下一区块的竞争，持有时间越久和数量越大的币集成功签名下一区块的可能性更大。然而，一旦签名一个区块，币龄就将被清零，必须重新等待至少 30 天才能签另一区块。为防止非常老或非常大的币集控制区块链，成功找到下一区块的概率将在 90 天后达到最大值。这一过程既保护了网络，又可以避免在生成新币的过程中消耗大量的计算能力。

　　点点币的开发者声称，由于没有中心化的挖矿池需求，且购买半数以上币的开销超过获得 51% 工作量证明所需的哈希计算能力，所以这一机制将使恶意攻击变得非常困难。

CHAPTER 3
第三章　打破信任壁垒：让智能合约起飞

谈到区块链就不得不说到智能合约。智能合约具备自治、自足、去中心化的特性，明显区别于传统协议。智能合约与区块链的结合必将给人类社会的发展带来非凡的意义。

谈到区块链就不得不说到智能合约，智能合约的发展可以追溯到20世纪末，随着现代社会经济的快速发展，它的应用也将越来越广泛。智能合约具备自治、自足、去中心化的特性，明显区别于传统协议。智能合约与区块链的结合必将给人类社会的发展带来非凡的意义。

1. 智能合约的发展

智能合约（smart contract）这一概念的出现可以追溯到20世纪八九十年代，它几乎伴随着互联网这个概念的出现而出现，它是由为比特币发展打下了坚实基础的世界著名密码学家尼克·萨博（Nick Szabo）提出的。智能在英语中是smart，代表的意思则是聪明，能够灵活多变，但不等同于人工智能，也还没有达到那样的级别。智能合约和智能手机一样，这里的智能仅仅是指可以灵活定义和操作。当智能这个概念提出之后,智能合约是这样定义的:一个智能合约是一套以数字形式定义的承诺,合约的各个参与方都可以在上面执行这些承诺。

智能合约以智能的方式与真实世界的资产进行交互。当一个预先编好的条件被触发时,智能合约便开始执行相应的合同条款。但是智能合约是否是一个真正意义上的合约还需要进一步确认。在计算机领域,智能合约算得上是一种计算机协议,这类协议一旦制定和部署就能够实现自我执行和自我验证,并且人工是无法干预的。从计算机技术的角度来说,智能合约可以被看作是一种计算机程序,这种程序可以自主执行全部或者部分和合约相关的操作,并产生相应的可以验证的证据,从而说明执行合约操作的有效性。

在部署智能合约之前,与合约相关的条款和逻辑流程已经被制定好。智能合约通常具有一个用户接口,供用户与已经制定的合约进行交互。这些交互行为严格遵守之前已经制定好的各种逻辑,严格按照制定流程执行并验证,不会执行出错。它之所以能够做到如此精确，得益于密码学技术。

我们经常去银行办理业务，我们可以将银行账户的管理看成一种智能合约的应用。传统意义上，在银行存取钱是中心化最明显的特征，因为我们不通过银行就没有办法存钱和取钱。但是智能合约则完全取代了传统意义上的银行各项业务，利用发达的互联网，用户可以直接登录银行系统，在网络上按照信息提示，依靠预先定义好的合约，实现转账、修改、注销等功能，从而完全抛开需要人为维护的中心化数据管理方式。此外，通过设计更复杂的合约，智能合约几乎可以应用于任何需要记录信息状态的场合，比如金融、证券等。当然这个流程很复杂，需要合约设计者能够深入了解流程的各个细节，并进行合理设计，毕竟理论上来说，智能合约一旦部署成功，就不再受人为干预，无法随时修改合约设计中出现的漏洞和问题。

这就是智能合约的定义及功能，那么智能合约发展到现在，它经历了一个什么样的过程呢？

我们知道，智能合约的提出与互联网的流行几乎同步发生。

20世纪八九十年代,由于研究人员对计算机的研究和开发,计算机反过来帮助人类工作进一步提速,从而解放出很大一部分劳动力。研究者意识到计算机有如此强大的威力后,提出了一个新奇的想法,那就是让计算机代替人类进行商业市场管理。正因为有这样的需求,密码学在这个时期得到了快速发展,但计算机完全代替人类进行商业化管理的技术还是不够成熟。后来,密码学家尼克·萨博提出了"智能合约"这一说法,将已有的合约法规及相关商业实践活动从线下搬到了互联网上,使得远在千里之外的人互不见面都能够通过互联网进行线上商业活动,实现了完全意义上的电子商务。

尼克·萨博研究的密码学及数字化安全机制,实现了逻辑清楚、检验容易、责任明确和追责简单的合约,这将极大改进传统合约制定和履行的方式,并降低相关成本,将所有的合约条款以及操作置于计算机协议的掌控之下。当然,想法是完美的,可是由于当时很多技术还不够成熟,很多事情仅仅停留在想法上,可执行性不是很强。直到比特币的出现,人们似乎看到了希望,由比特币作为数字货币的区块链技术和智能合约得到了快速发展,很多机构看到了未来互联网的巨大潜力,投入大量的资金去研究和开发,这必将给区块链的发展注入新的活力。

2. 智能合约的要素

尽管智能合约得到了快速发展,但受限于当下的技术水平,我们缺乏一个完全支持可编程交易的数字金融系统。一旦计算机程序能够真正实现触发支付,那么就可以算是真正实现了智能合约。

可喜的是,比特币的广泛应用正在改变制约智能合约的这一现状。我们知道智能合约技术是建立在区块链 2.0 平台之上。因为大多数基于区块链技术的数字货币本身就是一个计算机程序,智能合约能够与之进行交互,就像它与其他程序进行交互一样,所以,区块链技术的诞生,使得这些问题逐步得到解决。

密码学和比特币的完善,必将为智能合约顺利且快速的发展铺平道路,数字货币与智能合约的完美交互,让交易双方能够实现双赢。智能合约的发展让人们认识到了数字货币的好处,而数字货币的发展也能够吸引更多新的用户。

在传统交易中,交易的双方通过协商,达成共识,最终实现某种交易。最终的交易必须建立在信任和彻底执行协议的基础之上,如果缺少了信任和执行,那么就可能出现骗局导致交易失败。智能合约与传统交易的相似之处在于都需要交易的双方同意去做这件交易,即便彼此尚未建立信任。因为智能合约已经事先编程制定好了规则,一旦双方同意,只能彻底执行,人工无法修改和干预,可以保证交易顺利有序地进行到底。

智能合约之所以有如此大的威力,离不开它本身所具有的三个要素:自治、自足、去中心化。自治,就是智能合约一点启动就会自动运行,不需要参与者或者其他人进行任何干预,即使想干预也没有办法干预;自足,是智能合约通过提供服务或者发行资产来获取资金,当需要的时候就会主动使用这些资金;去中心化,是指不依赖于单个中心化的服务器,而是分布式的,通过网络节点来自动运行。

用一个比喻可以明确说明智能合约的功能,它就像是街边编写好代码的自动售卖机，当我们购买东西的时候，投入钱币并且确认所需要购买的物品，机器就会按照指令完成自己的任务，出错的概率很小，除非机器坏掉了。智能合约也是如此，按照预先设定的代码来执行，代码就是规则，无论代码怎么写，即便是写错了，也会照做不误。这既是好事情，也是坏事情。如果代码正确，那么它可以高效地完成任务；如果代码不小心出现错误，就只能按照错误的道路执行完毕，中途无法人工干预，这必然会造成重大损失。因此，我们在使用智能合约的时候千万要小心，不能犯下不可弥补的错误。

当然，要想让智能合约使用起来更方便，还需要我们不断完善相关的法律法规，区分通过代码建立起来的合约与通过人建立起来的合同之间的异同。只有基于人来约定的合同才存在遵守或者违反合同，而基于区块链以及代码建立的合约则不存在这样的问题。

由于人为签订的合同随时可以撕毁，而智能合约是由代码编程所产生，且能够自动执行，人为不可干预。在制定合约之前，双方协商,根据彼此的需求,取长补短,达成共识,然后在法律的框架之内,制定出能够维护彼此权益的合约,将这份合约写入代码之中,这样就不需要人为去监督,而是代码机制自动运行,既提高了工作的效率,同时也让代码合约督促按时且保质保量完成任务,保证了双方契约精神的存在。

虽然区块链在不断发展与完善,但我们不能将所有事情都依赖于智能合约,它仅仅是最大限度帮助人们减少需要信任才能办到的一些事情。智能合约解决了人与人之间合作互相猜忌的问题,我们不再需要重复进行自主判断,信任度的提高无疑有利于工作效率的提升。

3. 智能合约的优缺点

智能合约在互联网蓬勃发展的今天得到了快速发展,我们也应该了解智能合约的优点,抓住机遇,获取属于自己的财富。

那么,智能合约有哪些优点呢?

执行力强

密码学和区块链技术的完善,为智能合约的发展提供了广阔的平台。智能合约在执行前就已制定好条款和规则,这些内容以代码的形式写入程序,并在计算机的绝对控制下执行。因此,执行的过程是高效的,准确无误的,不会出现返工的情况,更不存在遇到困难停下来思考的空间,一旦启动,将持续进行,直到任务完成。这样无疑节省了时间,提高了效率,这是每个人都期待的,更是传统合约所达不到的。

简易高效

传统交易进行的时候，一般需要有信任基础的第三方作为中介机构参与，以不偏向任何一方的形式，保证双方共同利益不受损失。而智能合约则不需要这个第三方平台，只要交易双方前期协商一致，便可以将协议以代码的形式写入计算机程序，然后在计算机的运行之下彼此进行点对点交易，这样不仅节省了中间流程环节，而且极大提高了成交的速度。这是新型经济交易中人们所期待的一种交易模式。

去权威化

传统交易一般必须通过权威的银行机构才可以顺利完成，而智能合约则不需要。智能合约的特性就是去中心化，也就是说智能合约交易不需要去权威的仲裁机构审核是否合乎交易规则，交易双方彼此协商好就可以直接进行交易，为了保证双方的利益，这种合约的仲裁和监督事项全部由计算机来完成，是一种既高效又准确，深受大家喜欢的交易方式。

人为干预风险低

传统交易依靠诚信与相关合同的约束来完成,如果一方不讲诚信偷奸耍滑,或者直接撕毁合同,必然会造成另外一方的损失。但是智能合约在协商约定之后,写入计算机代码程序,一旦启动不可修改。合约中的某一方如果没有按照约定去做,会自动受到惩处,难以逃脱责任。

运行成本低

智能合约不需要经过第三方权威机构,更不可能进行人为干预,这能够极大程度减少合约履行、裁决和强制执行等所产生的人力成本,只要合约制定的双方能够将合约的各个细节在合约建立之前确定下来便可。这不仅有利于传统交易的快速转型,更有利于其他产业向更新更好的方向发展。

智能合约的优点显而易见,但是它也并非没有缺点。智能合约还在发展的初期阶段,依然有很多潜在的漏洞与风险,而其中一个致命缺点却正好来自它的优点——去人为干预。

早在2016年,史上最大的一个众筹项目The DAO正式上线。经过一个月的众筹,总共筹到了价值1.5亿美元的以太币(以太坊区块链上的代币称为以太币),用于建立The DAO项目。可是让人意想不到的事情竟然发生了。一个月后,在The DAO项目平台上,以太坊的创始人维塔利克·布特林(Vitalik Buterin)在以太坊官方博客发布题为《紧急状态更新:关于The DAO的漏洞》的文章。文章发表严重声明,警告以太币持有者,The DAO存在巨大的漏洞,将会导致大量的以太币被黑客偷走,而且没有任何办法可以阻止黑客的行为,在未来或许有更多的以太币被黑客偷走。造成这场浩劫的原因竟然是The DAO编写的智能合约中有一个split DAO函数,攻击者利用此函数的漏洞,不断从The DAO项目的资产池中分离出The DAO资产并转到黑客自己建立的子DAO。由于智能合约具有不可人为干预性,在攻击发起的三小时内,只能眼睁睁看着300多万以太币资产被转出The DAO资产池,按照当时的以太币交易价格,市值近6000万美元的资产被转移到了黑客那里。The DAO监护人提议社区发送垃圾交易信息阻塞以太坊网络，以减缓 The DAO 资产被分离出去的速度。以太坊的设计者们试图让以太坊分叉来挽回损失，但这完全违背了去中心化的思想，将大大降低以太坊在人们心目中的信用。最终大家否定了分叉的方案，可是，无论是否分叉，对 The DAO 来说都是巨大损失，尤其对智能合约的发展产生了严重的影响。

The DAO 被黑客攻击事件发生之后，无论是智能合约的使用者还是研发者，都在进行反思，技术的应用要有坚实的理论基础做支撑。完全去中心化的智能合约是否已经成熟以及面临攻击时如何应对成为大家热议的话题。但是不管怎样，大家还是认为，区块链技术和智能合约都将成为互联网发展的重要方向。虽然现在技术还不完全成熟，在应用的过程中会遭受到很多的挫折和困难，但是，这是新技术不断进步的必经之路。一旦我们的技术真正成熟了，一切问题都不是问题，必将为人类品质生活添砖加瓦。

4. 智能合约的实用性

智能合约因其本身所具有的功能和特性，使得它在人类生活的众多方面都有用武之地，用好它不仅能为我们自身带来更便利美好的生活，也将为整个社会创造出更多的财富。

那么，智能合约具体可以应用在哪些方面呢？

网络购物

这是最为常见的例子。我们在购物网站上，挑选自己想要的产品，然后下单，下单这个行为意味着智能合约的建立，按照合约约定，我们购买的产品将被顺利送到填写的地址。这就是一个智能合约的完成。传统方面的交易，除了面对面交易之外，有时甚至还需要到银行打款到对方的账户，才可以进行交易，这样就会很麻烦。如今，利用智能合约，我们在网上可以搞定一切。如果有人不想下单之后立刻付钱，而是选择货到付款，那么智能合约也在下单的瞬间建立，货到了，我们就得如数付款，如果拒绝付款，那就是我们单方面违约，除非特殊情况可以退货，否则，必将承担相应的违约责任。

遗产分配

其实，遗嘱也是一种典型的智能合约。在订立遗嘱之前，逝者将自己所有的遗产都拿出来一一罗列，然后按照子女或者继承人的多少进行遗产分配。这即是智能合约的确立。而智能合约确认触发条件就是立遗嘱者死亡，如果不死亡，这个遗嘱是不能执行的；只要立遗嘱者去世，智能合约立马生效，遗产分配立即执行。如果遗嘱中明确某个晚辈在某个年龄段会获得一笔财产，那么，也只需要设置一个触发点，按照智能合约执行便可。比如约定晚辈在20岁可以获得这笔遗产，那么，在立遗嘱的时候智能合约已经建立，而20岁的某一天即可彻底执行。

贷款抵押

当我们向银行抵押贷款时，银行为了转嫁风险，一般会将抵押贷款转移给投资者，但是当我们还款时，我们却直接向银行还款，而不是还给持有我们贷款的投资者。银行是每月还款的处理者，它将我们所还款项的大部分支付给投资者，小部分用于缴税和购买保险。这其实是一个非常简单的操作任务，但是银行通常需要一个季度到半年的时间来处理抵押贷款的还款问题。然而，理论上智能合约能够非常容易地处理这种业务。如果贷款还款由智能合约处理，那么，贷款处理的服务费用将会被取消，省下来的钱可以归还给消费者，最终的结果就是贷款成本大大降低。

房屋租赁

我们来看一下房屋租赁的智能合约执行模式。出租方和承租方将合约提交给智能合约服务器，服务器将其发布到区块链上生效。出租房把开锁密钥和账户地址提供给智能合约服务器，承租方向服务器预付足额资金作为房租。合约开始执行，服务器从承租方预付的资金中扣除一个月费用发给出租方的账户,并将房子的开锁密钥发给承租方,记录记到区块链。每个月的约定日,智能合约会检查租约时间,没到期,则自动扣除租金,发放新的开锁密钥,若到期,服务器则会生成一条标志合约终止的记录,并发布到区块链上,合约终止。这也就避免了传统房屋租赁中,出租方担心承租方不能按时交租,而承租方担心出租方提前收房的困扰。

法律顾问

智能合约的出现可以大大减少法律成本,提高律师的工作效率。许多法律协议都可以在区块链上被编成智能合约,其安全性和效率都要超过目前的纸质合约协议。律师不再需要层层审查烦琐的合同条款,所要做的就是将合约条款编入代码中,一旦当事人的某项事务触发了合同的某一条款,智能合约将自动执行,不存在第三方阻滞,直至合同执行完毕。传统法律系统是事后执行,而智能合约是事前执行,这让我们看到了它巨大的风险预防潜能。

总之，随着互联网的发展，人们想要操作简单化的欲望就愈加强烈，而智能合约能够将复杂的东西简单化，同时还具有高效的执行力，降低成本，避免人为干预，防止不必要的损失，这正是我们所需要的。区块链的风口已经来临，智能合约与区块链的结合必将让人类社会的发展进程产生重大变革。

CHAPTER 4
第四章 搭上快车,分享红利:区块链的应用

区块链的出现不仅有利于提高金融业务处理的效率和安全性,同时在电子商务、防伪认证、科学医疗、能源利用等相关领域也起着越来越重要的作用。只有将区块链应用落地,才能真正搭上区块链这辆快车,参与分享区块链红利的盛宴。

区块链在多个领域有着很广泛的应用，它的出现不仅有利于提高金融业务处理的效率和安全性，同时在电子商务、防伪认证、科学医疗、能源利用等相关领域也起着越来越重要的作用。只有将区块链应用落地，才能真正搭上区块链这辆快车，参与分享区块链红利的盛宴。

1. 银行业务

区块链技术逐渐在全球覆盖，影响最大的就是金融行业，它颠覆了传统金融的逻辑，突破了曾经约定的条条框框，让原本复杂的金融交易变得简单了。作为金融机构的银行自然也会受到影响，不得不做出一些转变，迎接区块链技术的到来。

在银行业务中，跨境支付是经常要面对的业务。但是跨境支付，通常面临着手续烦琐、费用偏高、到账速度慢的问题。可是，我们没有其他的办法，不得不按照银行的要求和步骤去做。随着经济全球化的发展，跨境支付的交易量逐年增加，然而传统的网络跨境支付依然存在着很大的风险。曾经，孟加拉国央行在纽约联储的账户1.01亿美元资金被盗案引起轩然大波。黑客利用孟加拉国央行服务器的漏洞，模拟伪造该行从美联储账户中转账的信息，处理并授权虚假转账。纽约联储总共收到了35个虚假的孟加拉国央行转账指令，并按照指令进行了5次转账，资金总额达1.01亿美元。但出于未知原因，纽约联储并没有继续按照黑客要求进行另外30次转账。如果这30次交易也成功的话，孟加拉国央行的损失可能高达近10亿美元。

根据世界银行数据显示，到2020年，全球个人对个人的电子商务跨境支付将会增长到7000亿美元，银行支付系统必须转型以适应新时代的要求。区块链技术的出现颠覆了传统跨境支付方式，只要一个数字密码货币平台，每个人都可以接收到来自全世界的汇款，整个过程不仅不需要任何费用，而且速度快，安全性能高。

2013年,总部位于美国波士顿的比特币初创公司Circle成立,提供虚拟货币比特币的存储及国家货币兑换服务。该公司的目标就是希望资金传输速度更快,成本更低。Circle公司利用比特币区块链进行交易,提供即时免费的资金转账,各国法定货币在全球范围内可以毫无阻碍地流通。Circle公司的业务让全球大金融财团看到了新的契机,高盛、IDG资本以及对冲基金Pantera Capital等公司纷纷进行投资,还获得了英国金融行业行为监管局颁发的首个电子货币许可证,引起了行业内的高度关注。

我们知道,银行交易离不开票据,因为它是交易完成最有利的证据,而区块链技术,可以与票据完美结合。在采用区块链去中心化的分布式账本之后,现有的系统存储和传送结构被改变,建立起更加安全的运行模式,解决了伪造票据的问题。通过时间戳,可以完整反映票据根从产生到消亡的过程,其可追溯的特性,使得这种模式具有全新的连续背书机制,客观真实地反映了票据权利转移的过程。

由于区块链技术具有不可删除和篡改的特性,只要票据存在,即意味着交易成立,避免了赖账的行为。传统电子屏是中心化的运行,一旦服务器出现问题,后果非常严重。但是,区块链技术利用分布式和非对称加密算法,可以将人为产生问题的概率降到最低。区块链技术还能够收集和评估所有交易方的信用,并进行实时控制,它的可编程性不仅可以有效控制参与者资产端和负债端的平衡,更可以借助数据透明的特性,形成真正的市场价格指数,控制市场风险。

银行主要的业务之一是结算,用以完成客户之间债权债务的清算和资金的调拨。在这个过程中,银行赚取相应的手续费用。跨国银行的绝大多数利润来源于中间结算业务。区块链技术的出现,使得银行中介功能丧失,这让银行不得不降低结算成本吸引客户,或者开发新的业务,赚取利润,维持发展。

Visa是世界上最大的信用卡公司。在2015年,Visa与Docusign公司(一家电子签名服务商)合作推出了一项"概念证明"项目,利用比特币区块链来记录保管租车数据。该项目将数字交易管理平台和电子签名解决方案与Visa的安全支付技术进行了结合，让消费者可以在车内配置租赁、保险、支付其他日常项目，例如停车费和通行费，并且用户可直接使用Visa卡进行支付。想象一下，通过一张Visa卡就能一键式租赁到一辆新的跑车，会不会非常有趣？而事实证明，谁能够为用户提供便利，谁就拥有市场。

银行在业务上使用区块链技术的同时，也推出了自己的加密数字货币，以此来降低运营成本。为什么要这样做呢？我们知道，传统银行是中心化的，账本都记录在服务器上，由于银行数据非常庞大，服务器运营成本特别高昂。而利用区块链技术后，银行可以利用已有的信息资源进行记账，不需要中心化的大型服务器，费用自然降低了。花旗银行曾透露，正在运行一个数字货币的测试平台，为了寻求可持续发展，他们选择发行自己的货币：花旗币。这说明花旗银行已经建立了基于比特币和区块链的数字货币，也证明金融机构对比特币和区块链技术越来越感兴趣了。

我们可以看到，越来越多的金融机构更加深入地关注和研究区块链技术和比特币协议,并为此投入了大量的资金。我们深信数字货币是未来的必然趋势,谁站在这一技术的前沿,谁就可以紧紧抓住这个机会,获得不菲的财富!

2. 证券业务

证券市场作为现代金融体系的重要组成部分，其行业格局也毫无疑问将受到区块链技术的深刻影响和冲击。证券发行、交易、结算、清算、监管等各个环节均可依托区块链技术加以重新设计和简化。

目前，当很多公司需要发行证券的时候，由于发行流程烦琐，公司缺乏专业人员，必须寻找一家证券公司作为中介机构，签订委托募集合同，完成烦琐的申请流程。在证券交易的过程中，当证券所有人发出指令时，这个指令需要依次经过证券经纪人、资产托管人、中央银行和中央登记机构这四大机构的协调，才能最终完成交易。从头到尾完成整个交易流程，时间长、手续烦琐、效率低下、成本高，同时一些证券中介作风强势，很难保障金融消费者的权益在交易过程中不受到伤害。如果使用区块链技术，金融消费者就绕开了证券交易中介，势必减少权益受损的概率，保障自己的权益。

在证券市场使用区块链技术，证券交易的双方通过智能合约实现自动配对，并通过分布式的数字化登录系统，自动实现结算和清算。区块链技术具有数据代码不可篡改不可删除的特性，并且会定期将这些数据向每个节点进行公示，因此，在交易的过程中，绝对公正公平，不会存在争议。这将极大提高成交的速度，且不花费手续费用。而传统的中心化证券交易所，不仅需要按照步骤逐个走流程，拖延很长时间，而且还需要收取高额的手续费用，这是很多业内人士不愿意看到的。由此可见，将区块链技术应用在证券交易上，必然会深受大家的欢迎。

纳斯达克交易所在2015年推出了新的交易平台Linq，这是首个基于区块链技术建立起来的金融服务平台，能够展示如何在区块链技术上实现资产交易，这同样也是一个私人股权管理工具，是纳斯达克私人股权市场的一部分。

纳斯达克的相关领导人表示，非上市公司的数量在不断增加，为了满足他们的需求，纳斯达克向这些非上市的公司提供交易服务，未来这些公司上市时，将为纳斯达克交易所赢得更多的上市业务。相信在区块链技术的协助下，证券所能够为更多的金融消费者提供高效率的服务。虽然区块链技术在证券市场还属于简单探索，但相对于传统的交易来说算是迈出了很大的一步。对于私人股权交易市场而言，区块链的最大好处就是不再需要笔和纸，或者是基于电子表格的记录。传统证券交易手续烦琐，需要依靠大量的人力来完成，而现在，区块链技术将会帮助我们真正远离纸张作业，规避了传统手工处理方式造成的人工失误空间。

成立于2015年年初的Symbiont，是一家新型的区块链平台公司，它致力于建成全球首个用于发行和交易以区块链技术为基础的智能证券平台，为近年来快速发展的数字货币和电子金融产业提供服务。Symbiont公司借助先进的区块链技术对传统的金融工具进行编程操作，形成多个智能合约，在证券市场，这些智能合约又被称作智能证券。智能证券经过进一步包装，在Symbiont公司搭建的数字平台上进行发行、交易。Symbiont公司平台上发行和交易的智能证券,将所有金融工具和相关合同协议进行建模,利用程序集技术,编成人类可读的计算机代码并以数据形式存储其信息和状态,实现公司对这些金融工具的操作。由于平台中所有的交易均以代码形式编入程序集中,在没有任何风险的情况下,程序集技术能够大大减少用户结算和清算的时间。通过验证签名密钥,程序集技术将用户的身份识别和访问风险降到最低。程序集技术十分安全可靠,是智能证券的核心技术之一。

大家都知道传统证券交易都是采用人工进行操作,而智能证券既允许手动交易,也允许自动执行条款来进行交易,同时,全面支持加密授权,这使得智能证券交易平台相较于传统证券交易平台有了显著的优越性,其节省交易成本、降低交易风险、提高交易透明度等优势必然成为金融用户的首选。希望未来这一技术能够用于更多的证券交易平台,给广大朋友带来更多的便利。

3. 电子商务

去超市购买苹果，标价每斤5元，从果园收购苹果，每斤只需1元，我们很容易理解，这多出来的4元摊销了运输费、房租费、人员开支等成本。你一定会不由自主地想这样一个问题：如果我们直接从果园购买，不就能省下一大笔钱吗？而区块链技术下的电子商务正可以帮助我们解决这一问题，让我们在购物时绕开中间环节直接与生产厂家对接交易。

众所周知，阿里巴巴的经营模式是搭建一个电商平台，让大家在平台上租商铺卖东西，然后从每家电商收取租金。电商为了保证自己的利益，一定会将租金费用转嫁给消费者，要么在原有价格的基础上多加一些钱，要么制造劣质产品降低成本，这样无疑会造成消费者的损失。每个网购的消费者都希望能够买到物美价廉的商品。如果有一种方法可以省略中间环节，也就是不用交租金，那么厂商可以用省下的钱投资到生产更优质的产品中来，而消费者也能够买到物美价廉的商品。区块链技术可以帮助电商省略中间的环节，让电商与消费者直接对接，完成交易，实现双方利益的最大化。

OpenBazaar是一个点对点交易的去中心化网络商城。在这个平台上，买卖双方使用比特币进行交易，没有费用，而且不会受到任何监管机构的审查。传统的电子商务，例如阿里巴巴、京东，都是中心化服务，他们对卖家严格监管，而且还要定期收取不菲的租金。他们需要掌握卖家与消费者的交易数据和其他信息，这些信息可能被泄露、盗取，甚至被用于精准投放广告或者危害更大的滥用，给消费者造成很大的损失或者困扰。鉴于电商平台和权威部门要审核所有的交易商品和服务，所以卖家与买家不能够直接自由地交易，最终，受伤害最大的还是消费者本身。

OpenBazaar为电商提供了新的途径，它满足了卖家和消费者的需求，打通了卖家和买家的通道，省略了中间环节，让卖家与买家直接交易。也就是说，不再需要中心化的第三方平台连接买卖双方,不需要交租金,也不会受到权威机构的审查,并且自己的信息资料完全掌握在自己手中。

举例来说,如果你想出售自己闲置的电脑,那么,只需要下载 OpenBazaar 客户端,建立商品详细目录,然后将其发布到 OpenBazaar 的分布式点对点网络上。当其他用户搜索相应的关键词时,你出售的电脑信息就会被发现。双方彼此协商价格,达成统一共识,然后在网络上签订智能合约,并发送给你和买家都信任的第三方公证人,由其监控。第三方创建多重数字签名的比特币账户,你与买家、公证人各控制一把私钥,当集齐三把私钥中的两把时,你才能从多重签名地址中取走货款。接着,买家发送协商好的比特币到多重签名地址,你发货,几天后,买家收到电脑,给出私钥,从多重签名地址释放比特币,你收到货款。整个流程都在你的掌控之下,没有交易费用,没有审查,买卖双方皆大欢喜。

那么,一个新的问题出现了,并不是所有交易都能顺利完成,如果双方交易完成之后产生纠纷,那该怎么办呢?第三方的价值就在这时体现了。上面我们说过,只有集齐三把私钥中的两把,才能够从多重签名地址中取走货款。第三方公证人控制着第三把私钥,所以在买卖双方达成和解或者第三方判定买家和卖家谁正确之前,多重签名地址中的比特币不会被转移。

解决了一个问题,又一个新的问题出现了,那就是凭什么信任第三方呢?其实,这个问题OpenBazaar已经考虑到了。第三方公证人并非每个人都可以做,OpenBazaar有一套严格的信誉评分系统,允许所有的用户对其他任何用户进行反馈评分。第三方也一样,如果在卖家和买家的协调中拉偏架,或者从中谋取个人的利益,他们的信誉会受到损失,一旦信誉系数低到一定程度,就会被认定难以胜任协调任务,从而出局。信誉评分都是对外公示的,你在平台上购物和选择第三方时,可以参考信誉评分,判断是否信任他们。

如果这样仍然让你很疑虑的话,你可以尝试买卖双方共同创建一个投票池,由彼此都信任的用户进行投票处理。不要觉得这样很复杂,其实,只要买卖双方有建立投票池的意向,并且发出申请，客户端会主动帮忙处理所有细节。这不是其他中心化平台能够实现的。

虽然OpenBazaar在去中心化和纠纷的解决方案等方面做出了巨大的贡献，但是，其面临的问题更加令人头痛。有些不法分子利用平台去中心化无人监管的特性，大肆进行非法交易，由于无法收集平台上的交易数据，更无处探听交易的实质内容，当下的技术手段很难避免这类情况的发生。不过OpenBazaar在加快研发的步伐，相信在不久的将来一定能够快速解决非法交易，让OpenBazaar朝着对人类有益的方向飞速发展。

4. 防伪认证

区块链技术的卓越性，不仅在金融方面崭露头角，同时也向其他领域延伸，其中，公证防伪就是区块链技术应用的领域之一。因为区块链具有透明和去中心化的特性，可以预防抵赖和数据销毁，具备防伪认证的基本属性。

区块链在防伪认证方面应用的原理很简单，就是在创建新程序的时候，将一些关键的信息保存在区块链上面，然后通过维护一个不可篡改、不可删除、基于时间戳记录的区块链数据网络，确定关键信息的唯一性和真实性，并维护可追溯的历史记录。

总部位于美国奥斯汀的 Factom 公司运营的其实就是一个点对点网络系统，在这个网络系统中，高端服务器先创建数据链，然后对这些数据进行加密处理，再利用技术把其加入比特币的区块链当中。第二代加密货币的大受欢迎就是因为它们很好地利用了区块链技术，通过区块链技术来确保加密货币信息的准确性。

Factom公司开发出来的系统是一个比比特币网络更新的系统，它依靠比特币散布全球的算力，使得其加密认证的消息对外透明。在与所有权相关的记录过程中，由分散到数字化，由手动到自动化，建立一种概念性的网络构架，这个系统可以确保并提高保留在比特币区块链里的交易记录及其他重要数据的准确性。该系统最大的优势就是可以利用比特币的叠加处理能力，同时，也可以避免对数据超量运算处理。

Factom公司利用比特币的区块链技术来革新商业社会和政府等权威部门的数据管理和记录方式。人们可以利用Factom的区块链技术帮助各种各样应用程序的开发，包括审计系统、医疗信息记录、财产契约、法律应用、金融系统等。开发者可以创造出新的应用程序，并把数据保存在区块链上面，不受直接将数据写入比特币区块链的各种限制。

Factom维护了一个永久不可篡改、基于时间戳记录的区块链数据网络，大大减少了进行独立审计、管理真实记录、政府监管的成本和难度。商业社会和政府部门可以利用Factom简化数据记录的管理，记录商业活动，并解决数据记录安全性和符合监管的问题。

Stampery是一家想用比特币的区块链代替公证人的创业公司，目标是为用户提供安全、可靠具有法律约束力的证明，同时保证用户文件和数字通信的完整性。Stampery为了赢得更多的用户，允许任何个人和公司免费访问、注册、使用Stampery，不花一分钱即可为任何文件生成不可篡改的、准确的证明。与传统的公证一样，它能很好地保护知识产权，证明遗嘱、合同、宣誓等的有效性。而它的优势在于，你不必亲自带着文件去公证，它可以实现几秒内验证百万份文件的正确性，节省时间且免费。

我国作为一个进出口大国，每年进出口贸易都在呈指数增长，然而也产生了很多问题，比如假货和伪劣产品。来自加州硅谷的Skuchain公司就中国进出口贸易现状与问题给出了相应解决方案——把商品流和资金流结合在一起使它们同步，并且利用现代密码学以及现代数学方法进行整合，在这个基础上，还使用二维码，更方便去了解商品的信息。Skuchain 公司致力于建设新一代供应链，利用区块链技术优化供应链系统，追溯产品的原材料以及库存信息，进而阻止假冒伪劣产品进入市场。Skuchain 的工作原理不难理解，举个简单的例子，假设手上有 100 台电脑，分成三部分给了经销商，因为总数是 100 台，所以就不会产生 101 台电脑。我们可以把其中一台或者几台电脑转给下一个经销商，但经销商不能复制二维码，如果复制的话系统可以追踪到是谁复制了这个二维码，是谁企图侵犯商品权，从而对制造假货的人做出惩罚。采用这种方法，一方面可以保证消费者的利益不受伤害，另一方面也能够保证生产商的利益不受侵犯。

总之，区块链就像一个魔术袋子，只要利用合理，总能从中掏出千奇百怪的东西。

5. 科学医疗

区块链技术在医疗行业的作用和意义越来越大，一个主要原因就是医疗行业记录着很多病人的信息，而这些信息是需要绝对保密的，可是现有中心化的数据库极容易出现问题，要么被黑客攻破，信息泄露，要么服务器不稳定，信息丢失，这无论对病人还是医疗结构，都是最不想看到的事情。区块链技术的出现让医疗行业看到了希望，为医疗行业提供了一个既完全透明又尊重病人隐私的可行方案。

病人相关的所有信息包括身份信息、疾病的具体情况和治疗方案等都属于敏感资料，任何机构或者个人都无权对外公开。但是，在过去的一些年中，因为病人资料泄露造成的恶性事件屡有发生。一些不法分子利用病人病急乱投医的心理，对病人进行欺诈，给病人造成二次伤害。2015年，美国第二大医疗保险公司 Anthem 的病人信息资料数据库被黑客攻破，导致该公司超过 800 万名病人和雇员的个人资料外泄。同年，加州大学洛杉矶分校医疗数据遭到泄露。被盗取的个人信息包括病人和雇员的指纹数据、虹膜数据、住宅地址、生日、医疗身份号码、邮箱地址和一些收入数据。有时候，这些资料外泄会给大家带来无可挽回的损失。现在大家都流行移动支付或者网络支付，在支付的过程中有很多需要通过指纹或者虹膜进行解锁，一旦这些数据被泄露，那么就意味着客户所有的银行账户都被别人掌握，而且我们都知道，指纹数据或者虹膜数据不像数字密码，是无法变更的，这将会带来灾难性的后果。这些事情的发生，让医疗机构更不愿意把这些数据放到网上分享利用，数据的价值得不到发挥，很多疑难杂症找不到可参考的治疗方案，这对医疗机构和病人来说都是一种极大的损失。

网络信息资料的外泄，要么由于单点故障，要么就是私钥的泄露，进而导致数据库安全防线顷刻整体崩溃。区块链技术是目前解决这一问题的最佳方法。

对医疗机构来说，首先，由于在每个节点，医疗数据都有备份，即使某个单点出现了故障，也不会损害数据的完整性，可以通过倒查的方式很快修补数据；其次，区块链技术具有不可篡改、不可删除的特性，这点对医疗机构极为重要，避免某些重要的医疗资料被删除或者篡改，给病人、医疗机构带来重大的伤害。在区块链技术之下，即使有人对某些数据进行强制性删除或者篡改，也会留下密码学上的证据，从而很快被发现。

区块链最大的优势在于，区块链技术能够做到多私钥的复杂权限保管。也就是说，通过智能合约技术，给单个病人病历设置多把私钥，并且制定一定的规则来控制对数据的访问，同时必须获得授权，无论是医生、护士还是病人本人都需要得到许可之后才能进行访问。在访问相关数据时，要求多个人同时到场才能打开，还可以和地理信息、时间信息结合在一起，即只有当你在某个治疗时间段内或身在某家医院时，该医院的医生才可以读取你的病历资料。

区块链技术对医疗信息的保管与传统中心化的数据保管方式

有很大的区别。它完全通过算法来确保数据库的安全性，不需要依靠人与人的信任来确保安全，从算法上杜绝了因单把私钥泄露而导致数据库整体崩溃的发生。

由于区块链本身的特性，再加上它已经在其他领域，尤其在金融领域的出色表现，大家对区块链技术在医疗行业的应用充满了期待。医疗数据在区块链技术之下安全统一地记录、储存、共享，有利于地区与地区、国家与国家之间医疗跨境合作，防治世界性的重大疾病。通过将个人病史、生活习惯、基因这些分散数据整合成健康大数据流，当重大疾病发生时，可以对这些数据进行统一地分析研究，找到防控措施，最大限度挽救人民群众的生命安全。可见，掌握医疗数据对改善医疗条件，提高人民生活幸福指数有极大的好处。

6. 能源利用

这些年，能源领域也逐渐成为区块链技术延伸服务的范围，新的能源结构正在引导整个能源市场发生革命性的变革。未来的趋势是万物互联，交易的主体是机器与机器，交易的属性更加高频。区块链因其分布式和智能化的合约体系功能，能够将能源流、资金流和信息流有效地衔接，将成为能源互联网真正落地的技术保障。

我们以电为例，重点讲述它如何在区块链技术之下发挥出新的活力。未来的电网将由亿万交互的终端组成，包括微电网、光伏系统、智能设备、分布式计算与能源管理软件等。尽管太阳能可以让能源的生产去中心化，但目前能源配送环节还是中心化的。面对电网运行环境的不断变化，专家们都在思考如何才能实时地、自动地验证并确保不同节点之间的海量交易。

区块链在构建下一代分布式微电网体系中潜力巨大。2016年，在纽约布鲁克林，一个名叫劳伦斯·奥尔西尼（Lawrence Orsini）的人做出了一个大胆的决定，他将自己的绿色能源创业公司LO3与去中心化应用创业公司ConsenSys合作成立了一个新项目TransActive Grid（交互式电网），首次将以太坊用于能源支付。在创始人奥尔西尼看来，自己的这个新项目足以影响整个能源历史。他坚信，这个项目一旦运行成功，家庭再也不需要花钱买电了，用太阳能光伏板就可以自给自足。如果有多余的电，还可以卖给其他有需求的人。该项目之所以有如此大的作用，是因为它开发的是允许通过区块链进行交易的能源安全传输层。

TransActive Grid就是构建在以太坊上的智能微电网交易系统，实现点对点的能源交易和控制。它已经建立了双节点的模型，在微电网中收集消费和发电数据，并将其存储到区块链中。通过融合电网概念和TransActive Grid支付方式，社区的居民可以在区块链上撰写智能合约，并选择自己使用的电能来源、类型，甚至决定将电源出售给谁。

/ 第四章 搭上快车，分享红利：区块链的应用

　　TransActive Grid 包含智能仪表的硬件层和区块链智能合约软件层，整个平台基于以太坊区块链构建，能够提供一个可审计的、无法篡改的、加密的历史记录，并自动执行智能合约。参与的家庭都配备了连接到区块链的智能仪器，可以追踪记录家庭使用的电量，并管理与邻居之间的电力交易。

　　微电网中参与者的能源智能仪表数据，可以为 ConsenSys 代币发行管理系统创建代币，代表太阳能光伏板的剩余电量。这些代币意味着由太阳能生产的二次能源，可以通过区块链智能仪表钱包进行交易。如果交易成功，就可以运用到整个微电网中。

　　在 TransActive Grid 设想的概念中，人们可以控制自己的能源，家庭能源生产者可以把多余的电力卖给邻居，社区可以保存当地能源资源，减少能源浪费，提高微观电力和宏观电力的利用率。

　　2016 年 4 月，区块链迎来了世界上首个点对点能源交易。布鲁克林的两位居民通过使用以太坊区块链直接完成了一笔能源买卖交易。一位居民将自己的太阳能电池板产生的多余电能直接卖

给了自己的邻居。通过能源与区块链结合，可以将自己拥有的能源被计算并记录在以太坊区块链中，然后使用可编程智能合约指令使这些能源在公开市场上出售。这是世界首个使用消费者区块链交易的小型电力网，也就是微电网，这意味着微电网开始在纽约使用了。这类微电网和国家的电网是分离的，如果遇到飓风等灾害，还可以选择其他电网而不至于断电。通过微电网、屋顶太阳能设置安装等方式，可以充分提高能源效率，在给客户提供廉价服务的同时，对能源使用方式进行多种选择。如果邻居不需要购买自己多余的电能，那么，这些多余的能源可以以批发价卖回给电力公司。

这个案例足以说明一个问题，本地的智能能源交易系统，要比传统自上而下的能源配电系统更有效，也更节约成本，区块链对于构建微电网系统的潜能和价值也是显而易见的。随着可再生能源的增加，互联网不断挑战着受监管能源模式。相信区块链的介入，会为新能源的开发和利用开创一个全新的时代。

7. 保险业务

在全球，区块链技术在金融科技领域掀起一股热潮，市场早已对区块链如何改变银行业、证券业进行了种种猜想。那么，当区块链遇上保险，会碰撞出什么样的火花？区块链技术又将给传统保险业带来什么样的变化呢？

传统的保险行业模式是这样的，保险公司是一个有足够资金支持的中心组织，它与个人签订合同，共担风险。保险是建立在信用基础上的，但传统的信用建立和维护的成本相对较高，而且，还容易出现不公平、逆选择和道德风险等问题。区块链技术的出现为保险行业的信用重构提供了可能。

通过区块链的点对点互助保险平台，区块链技术可以让人们更加直接地管理自己的风险，而且只要部分资金来支持。这样一来，保险公司的角色就逐渐发生了变化，不直接吸收风险，而是变成专业咨询和互惠池管理机构。这种技术也可以发展个人与保险提供商之间互动的新模式，最终有利于增加保险业的透明度和可靠性，提高客户的满意度、忠诚度和信任度。

区块链技术的出现可以促进合约自动化的进程，通过使用智能合约来实现效率的提升，并使得某些保险产品随着时间的推移实现自我管理。例如，通过区块链技术储存了一个智能车险合约，又通过技术与互联网相连，获取公开数据。在这种情况下，车辆事故一旦发生即为事实，是公开的记录，不会被伪造或者修改，也不依赖于个人主观意识的判断，事故发生了就是发生了。一旦车辆发生事故，智能合约即被触发，开始进入理赔阶段。自动和及时的保单处理，既实现了高效的理赔，也减少了理赔处理的成本，同时提高了客户和保险公司双方的满意度。

另外，区块链技术也可以减少保险欺诈——各方都可以使用区块链验证各方信息，这将极大提高彼此的交互信任。此外，这种交互的保险也会增加客户对保险的需求和传播，减少保险行业中再保险的概率。

区块链技术可以提高保险产业的安全性,并且将极大程度地降低保险公司的经营成本。在经营保险业的过程中,保险公司持有巨大的资产,而管理这些资产所付出的成本恐怕也不容小觑。因此,区块链技术对保险行业的应用,将有着举足轻重的作用。

在传统的航空意外险中,一直存在着保险造假、中间商抬价等问题。正所谓羊毛出在羊身上,这些成本,最终还是转嫁到消费者身上,而区块链技术则可以提供有效的手段来解决这些问题。

2016年7月,布比区块链(国内领先的企业级区块链基础服务商)同阳光保险合作,推出了"区块链+航空意外险卡单",这是国内首个将金融资产放在区块链上流通的项目。多数航空意外险只有在飞机发生意外时才会出现理赔,所以在大多数情况下客户买到假保险不易被发现。为了防止买到假保单,布比区块链依托其多方数据共享的特点,可以追溯保单从源头到客户流转的全过程,各方不仅可以查验保单的真伪,确保保单的真实性,还可以方便后续理赔等流程。

为了防止中间商把成本转嫁到消费者身上而提高价格,航空意外险卡单设立在布比区块链上，去掉中间商这一环节，保险卡单价格会明显降下来。根据资料显示，这款针对高频乘机用户的保险产品保费60元，可使用20次，当事人身故可获得高达200万元的航空意外保障，相当于每次花费3元就可以获得200万元的保障。这款产品最大的特色是可以将电子卡单以红包的形式分享给好友，对方在出行前登记乘客和航班信息即可成为保单的受益人。

由此可见，保险行业通过区块链技术可以数字化管理个人数据，简化信息认证，更清晰地披露历史情况，保险公司和个人之间的关系将变得更直接有效。数字化带来的无纸化运营将降低保险公司的管理成本，这些优势都是传统保险行业远远比不上的。

区块链技术在保险行业的应用仍在探索发展中，很多保险公司还没有准备好在区块链技术上进行实现。非保险机构更可能首先创建保险或者保险相关的应用。区块链在保险方面的应用很有可能从数字身份识别系统和个人数据管理方面开始，就让我们拭目以待未来的进展吧。

CHAPTER 5
第五章　你一定要抓住的财富机会：区块链的商业机遇

面对区块链的热潮，有人随波逐流，有人稳稳地抓住商机。区块链优化了原有的互联网和商业模式，也促使金融体系变革，当然，最终的落脚点还是人们的生活。

面对区块链的热潮,有人随波逐流,有人稳稳地抓住商机。商业从来都是对新技术敏感的行业,一种新技术或新模式下的应用往往会带来超额的利润。区块链优化了原有的互联网和商业模式,也促使金融体系变革,当然,最终的落脚点还是人们的生活。

1. 新的互联网模式诞生

互联网最基本的功能和价值是连接,它把一切连接在一起时,也把一切变成了节点。节点与节点之间可以进行信息传输与复制,节点之间互相作用和影响。节点及其衍生物是互联网最本质的构成与属性,诸多节点相互连接成关系网,诸多关系又连接成平台,平台的交易功能演化成市场。"互联网精神"最初是希望通过完全自组织和共享的形式实现一些伟大的事情,而区块链在某种意义上来说是"互联网精神"的继承者。在去中心化的区块链时代,新的互联网将会发展成什么样子呢?

去中心化信息传递

传统模式下,我们发布信息时,首先会发布到一些大型媒介上,通过这些媒介,再将信息传递给广大受众,这些大型媒介就是所谓的权威中心。随着区块链的发展,去中心化需求显著,权威中心的作用越来越弱,每个人都可以成为一家自媒体,利用微博、微信、今日头条等媒介,既生产信息,又发布信息,并可以任意共享、传播信息。与传统媒体相比,自媒体可以在事件一发生的时候就做出回应,更具有时效性,同时自媒体人还能获得相应的报酬,激发大众创作的热情。从信息传播上来说,传统媒体由于中心化严重,最终发布出来的信息都是经过加工的,一来失去了原汁原味,二来信息传播速度被削减,这是信息的接受者不愿意看到的,而新媒体的广泛应用打破了传统媒体的垄断,在内容和传播速度上弥补了传统媒体的不足,影响力自然更大。从信息的消费上来说,大家更倾向于消费碎片化的信息,不愿意花费大量时间去阅读一条信息。同时，我们收到的信息推送存在很大的差异性和随机性，这是大数据计算的结果，区块链的去中心化能够让我们看到更多五花八门的消息。

当然，在信息传递领域，区块链还有很多地方需要探索和研究，比如，信息加密方面。大家可以看到，公共区块链信息是共享的，这对信息安全提出了超高的要求。随着密码算法的发展，我们可将加密后的数据传入区块链验证，这样保证了信息的完全性。当前区块链的信息都是单一的数值，再加上去中心化的本质和网络传播的延时性，区块链本身的处理能力和速度是有限的，我们可以采用结构化的中心，利用互联网在基础设施方面的支持，比如跨地域的快速共识系统等，将其扩展成更加灵活的数据记录系统。

去中心化加密通讯

在互联网时代，我们永远不知道在屏幕对面与我们聊天的是一个人还是一条狗。这是互联网时代始终难以解决的一个问题——信任问题。互联网既拉近了人与人之间的距离,同时也让人与人之间产生了巨大的鸿沟。

区块链的本质是一个去中心化的、没有第三方信任机构维护的可靠的数据库,所以,区块链有可能通过去中心化技术,成为下一代数据库架构,在大数据的基础上完成全球互信这个巨大进步。现如今,我们发送信息或快递文件时,内容都有可能被泄露,我们彼此缺乏信任,极其需要一种加密算法加强我们的信任感。加密是一种数学算法,它保护区块链网络的安全,使其免受攻击。虽然目前的技术还不能够完全实现加密,但未来一定会研发出更高级别的防护措施,确保我们的交流可以完全私人化。

去中心化社交网络

我们不得不承认这样一个现实,虽然现在网络发展的速度很迅猛,但是有影响力的社交网站却被少数人掌握在手中。属于我们自己的社交网络被少数人掌控,这不是一件好事,我们的信息是透明的,而他们可以决定对谁公布和隐藏,最大化地利用这些信息成为平台的获益者。最明显的感受就是，我们在网络上搜索了某个产品，当关闭这个网页，打开其他网页的时候，网页上跳出了我们曾经搜索过的产品的广告。网站掌握着我们的信息，并且利用我们的信息赚取商家的钱财，普通用户根本无能为力。

那么，未来怎么解决这些问题呢？最好的办法就是去中心化，将用户内容和个人信息的控制权交还给用户。现在的社交平台，无论微博、推特还是脸书，都事先将用户的资料储存起来，然后点对点进行广告投放，还冠以"大数据"技术应用，其实本质上就是对用户资料的泄露。未来去中心化的社交平台中，用户的资料信息掌控在自己手中，广告商要想投放广告首先需要征询用户的意见，经用户同意后才能够投放广告，一旦有用户同意接受，无论是否购买都应支付用户一定的广告费用，这是多么划算的事情啊！

2. 打通实体经济生产流通

目前，区块链技术主要应用于虚拟网络，那么，实体经济能否应用区块链技术呢？答案是完全肯定的。要想让区块链技术很好地发挥作用，主要从两方面下手，一是把区块链技术应用在已经开展生产工作的环境中，降低生产成本，提高生产效率；二是将区块链技术应用在未来的经济建设中，让其助力新经济的高速发展。但是区块链的去中心化意味着没有权威的监管部门督查，这有可能导致不法之徒偷工减料，生产假冒伪劣产品，危害老百姓的生命与财产安全。另外，区块链作为一项高端技术，无疑会大大提高产品价格，这不是老百姓愿意看到的。

由此可见，要想实体经济健康快速地发展，离不开监管部门的监督，而区块链技术的核心特征就是去中心化，这两者毫无疑问是互相排斥的。未来，区块链技术的应用应该就去中心化和中心化进行协调,既保证区块链在经济生产中有一定的自治权,又保证权威机构的监督权,两者平衡好,才能为未来的经济生产注入新的活力。

区块链技术给企业内部的对接与协调也带来很大的好处。内部协调主要是资金流、物流、信息流的问题,只有三者恰如其分地搭配好,才能降低企业成本,提高企业生产效率。借助区块链技术,可以使资金流、物流、信息流高度匹配,无缝对接,实现三流合一。

区块链技术要求企业内部的各类交易记录是标准化的,只有这样,才能统一识别与记录,这对于企业来说并不难解决。现在很多大型企业内部都有自己的流程资源管理系统,在区块链技术下,被系统记录的信息是唯一的、有时间标志的、不可逆的且该交易事项能够记录前后传递关系,这些记录可以作为不同信息管理系统的唯一数据源,让不同信息系统对同一项交易活动进行相同的记录。

那么,区块链技术帮助企业实现三流合一,到底可以给企业带来哪些便利呢？

区块链技术可以加速企业供应链的融资。

传统企业融资是有很大困难的，即使能够证明有一笔应收账款三个月之内到账，拿着这份证明到银行或者金融机构做供应链融资也很麻烦，银行或融资机构需要验证这份证明的真伪，需要验证签订合同的真伪，需要验证交易是否真实发生过，需要验证款项是否支付，等等。只有通过了层层验证，审核无误后才能进行融资。这个周期相当漫长，对那些急需资金的企业来说远水不解近渴。

有了区块链技术之后，这些问题都解决了。当双方发生交易之后，交易的每个流程和环节，比如签订合同、打款、发货、验货、收货、入库等环节都将记录在区块链中，而且向每个节点广播出去，并且得到确认。这些信息不可修改和删除。银行和融资机构无须进行层层审查，只要通过查看区块链上相关的交易记录，便可验证其真实性。这无疑压缩了融资周期，提高了效率。

区块链技术有利于打通信息孤岛。

应用区块链技术的所有企业、用户、金融机构等，通过相互验证，可以形成各自独立又真实的账本记录。对于个人，只要查看产品评价就可以判断产品好坏，这些评价都是真实的，绝不存在刷单的可能性。对于企业，供应商可以及时验证交易、及时回款，有利于企业资金周转和扩张。对于金融机构，账本可以真实反映企业的实力及信用等级，加快投融资速度。

总之，区块链技术在企业的发展过程中，有利于打破行业壁垒，打通信息孤岛，促进企业之间的合作与交易，加快经济发展进程。

由于区块链的去中心化特性，领导的职能作用将会弱化。无论企业主是否愿意这样做，在区块链技术下，这是一个必然的趋势。

当然，我们必须要认识清楚，区块链技术在实际企业流程管理中也存在很多的缺点。如果我们将企业管理完全交给区块链的服务器来完成，一旦遭遇离线、断电、网络堵塞、黑客入侵等情况，必定会给企业造成巨大的损失。其次，企业之间的合作是资源整合,但合作的过程中,彼此难以建立完全信任,贡献的信息有限或者无用,这样很难建立强大的产业合作链,企业发展空间受阻。

3. 优化商业运行模式

区块链被形象比喻为一个超级大账本，这个账本中记录着成千上万人的信息，包括每个人的诚信指数、需求、资源等。掌握了这个超级账本，人们可以进行优势资源配比，这不仅有利于提高成交的效率，促进经济快速发展，还可以打通彼此交易的壁垒，实现全社会参与，建立真正互信的全社会产业链。

以积分交互平台为例，我们在商场购物时，商场会通过会员卡积分的方式鼓励客户多消费多积分。商场的目的是希望通过积分制度吸引并黏住用户，但是对于消费者来说，商场的这种积分制度有很大的约束性，比如，这些积分往往只适用于某一家商场或者其连锁商场，在其他的商场需要重新积分，而且积分制度或者相关的优惠政策，全部由商场说了算，存在很多的隐形条款，具有不透明性，消费者根本没有主动权。其他的弊端还包括：一、每个商场都不喜欢将自己的商业信息和用户信息贡献出来让大家交流,如果商场想通过积分黏住用户,且不泄露用户的信息,那么就需要自建平台,在自己的平台进行积分交换,最大化地保守自己的商业秘密;二、积分交换机制不同导致有的商场积分深受人们喜爱,有的商场积分没有人要,最终的结果就是有的商场生意火爆,有的商场生意很冷淡;三、当新的商家加入商场时,商务谈判和流程扩充的工作量会很大,并没有体现互联网经济边际成本趋于零的特点。

去中心化的区块链技术能够很好地解决上述问题。各个商家之间通过流通的积分为用户创造更多的消费体验和导流,实现有效的资源互换与共享,既让客户占到便宜,又将商家利益最大化。在使用区块链技术的平台上,每个用户的公开性和唯一性直接消除了商家的种种壁垒,其安全性又保守了商家的商业信息秘密。对于其他商家来说,虽然可以看到平台上用户的一些信息,但是并不完全控制这些用户的商业信息,即便彼此完成了交易,也无须暴露自己的底细。同时,在使用区块链技术的平台上可以自由交易，真正实现市场化定价。平台上的每个商家都是独立交易主体，可以决定不同商家积分的实际价值和彼此兑换的价格，以市场可以接受的价格完成交易。商家的积分能够兑换到有价值的商品和服务，就会受到市场的追捧，从而获得更多的交易额。

除此以外，当下火热的共享经济也是因为区块链技术的发展而激发起来的一种新型商业模式。由于客观原因的限制，有很多的资源无法投入社会中发挥自己的价值，这影响或者限制了社会经济的发展。区块链技术的出现，激活或者解放了那些曾经被制约的资源，使得它们能够重新给人们带来价值，极大地促进了社会生产力的提高。

以共享汽车（顺风车）为例，需要用车的用户（乘客）与有闲置车辆的用户（司机）之间进行需求与资源匹配，乘客之所以能够在平台叫到一部车，顺利将自己送达目的地，是因为乘客和司机通过区块链建立了智能合约。乘客首先在客户端提出自己的要求，司机根据自身条件可以选择接受或者不接受。司机一旦接受乘客的要求，就默认与乘客建立包括价位、地点、时间、付费方式等一个整体的商业协议，然后智能合约自动执行，司机将乘客送达目的地，乘客支付给司机车费，交易完成。

可以想象，如果我们将闲置的汽车、房子甚至金钱等融入区块链技术进行激活，将会催生多少具有创新性的产业，这些产业能够增强用户的体验，让更多人思考自己还有什么闲置值得共享，还有什么需求不被满足，然后通过互联网进行匹配，建立更多的商业模式。

无限互联，无限可能。以区块链为底层架构的去中心化平台拥有无限低成本扩展的能力，这样不仅可以打通商家孤岛，还可以打通平台孤岛——不同行业的商家，不同类型的平台，都可以接到同一个区块链底层平台上，实现更大范围的互联共享。

4. 金融体系变革

随着区块链技术不断突破,资本不断进入,整个行业呈现了一种爆发式的增长。基于区块链的新金融会以一种不可阻挡的趋势来到我们身边,从支付宝到移动支付的全面铺开,从P2P到众筹等多种金融玩法的诞生,金融业在互联网技术的作用下不断裂变,分化出许多全新的业态,金融业也始终是最新科技的拥抱者与先行者。虽然从目前来看,区块链技术并未完全成熟,而且主要应用于比特币等虚拟货币领域,但是,其对传统金融的影响不可低估,甚至很可能是颠覆性的。

在合规的前提下,满足不同国家和地区实现互通的要求,是全球金融机构的"刚需"。未来一定会诞生以区块链技术为基础的全球金融互联网系统,全世界的人在任何角落都可以通过网络完成交易。交易产生的手续费越来越少,交易的纠纷也越来越少。

区块链上的每一步交易都在智能合约的控制之下,每一个交易步骤和流程都记录在账本之上,而且不可篡改和删除,杜绝了人为产生的交易变故与矛盾。

这对传统金融交易来说是一个巨大的冲击,全球金融互联网的诞生使我们每个人都可以成为金融行业的从业者。我们知道仅仅一个支付宝就改变了中国基金行业的格局,如果出现一个全球金融互联网系统,那么它绝不仅仅会颠覆全球的基金产业,其带来的创新性与变革力可能超越所有传统金融者的想象。再也不可能利用时间差、地缘差、信息差赚取利润,全球金融同在一个网络之中,信息资源透明,唯有服务才是最大竞争优势了。

当然,金融互联网不是凭空诞生的,它依托于互联网技术,是互联网的升级版本,其力量可能会颠覆整个金融行业,尤其是证券、基金、银行、保险、信托等方面。金融服务实体经济的最基本功能是融通资金,资金供需双方匹配。传统的金融中介一般有两类:一类是商业银行,对应间接融资模式;另一类是股票和债券市场,对应资本市场直接融资模式。这两种融资模式对资源配置和经济增长有重要作用，但是投资成本极高，金融机构的利润、税收、运营等成本都会转嫁到投资人身上，这就是所谓的羊毛出在羊身上，再加上传统中介服务流程漫长，很多投资人在等待中错失了创造财富的最佳机会。

面对全球金融互联网的诞生，金融最核心的功能——融通资金，将会获得全新的模式。资金与资本可以实现快速配对，增加金融交易的频率，促进金融行业发展。当金融互联网成熟之后，金融服务收取的费用也不会像今天这样高昂，而且有可能以咨询服务为主。全球金融互联网的实现让我们每个人都可以成为金融投资人，投资的额度上没有任何限制，100万元可以投资，10元钱也可以投资，同时，交易流程精简，成本降至最低。

更为重要的是，传统的国家纸币发行方式也很可能因为区块链技术而被完全改变，在此基础上，整个社会的支付结算、买卖交易以及国家的货币政策调控都将进入一个全新的时代。

金融互联网是全球金融发展的必经阶段，机遇与挑战并存，不会因为某个机构或者个人的干预使得金融互联网消失。金融互联网是区块链高速发展的产物,更是金融高速发展的产物,我们应该以开阔的心胸去迎接它,只有顺势而为,与时俱进,才能把握发展的机会。要想成为金融互联网的赢家,拼的不仅仅是财力、胆识,更是格局与眼光。如果我们每个人都只盯着眼前的利益,没有前瞻性,那么,我们只能错过一个又一个风口,被社会以摧枯拉朽之势淘汰。

5. 颠覆人们的生活方式

互联网是工业革命以来人类最伟大的技术发明，它满足了人与人之间信息传递低成本、高效率的需求，让曾经仅存在想象中的东西变成了现实。短短 20 年时间，互联网让我们的生活发生了翻天覆地的变化。然而，目前的互联网仍然存在很多缺陷，其中最大的痛点是无法从根本上建立信任，价值的转移方式不得不依赖可靠的中介。

有人认为，区块链是继大型机、个人电脑、互联网、移动互联网之后计算范式的第五次颠覆式创新，有望解决当下互联网存在的难题，实现从目前的信息互联网向价值互联网的转变，彻底重塑人们的生活方式。

虽然区块链看上去只是一种将数据区块按顺序相连接并以密码学方式保证的不可篡改和不可伪造的分布式账本，但它的应用以及技术的开发,无异于人类发现并驾驭电力一般意义深远。

我们知道,去中心化是区块链的特性之一。区块链技术应用的早中期主要着力于数字货币交易和管理方面,比如金融、证券、保险等行业。随着区块链技术的进一步发展,它也逐渐被开发应用到更加复杂的场合,比如社交、通信、能源领域等。到了今天,伴随着人工智能的崛起,两大高科技互相融合,创造出更加智能的服务,满足了当代社会人们越来越多的需求。

身份认证

当我们生活在区块链的时代时,每个人都有一个数字身份证。我们所有的信息,无论是姓名、性别、生日、籍贯等基本信息,还是教育、医疗、职业等信息,都记录在这张数字身份证上。区块链对于身份的认证是独一无二的,任何人都无法伪造,我们也可以自行决定如何利用自己的个人信息。每个数字身份证都会匹配一个私钥,可以简单将其理解为密码,只有正确输入密码,才能使用这个身份证。用数字身份证办理的每一件事情都将记录在区块链之中。个人的隐私被更好地保护，公司和机构也可以得到更精准透明的信息。

版权保护

前些年，互联网信息传递的便捷性，让人们把版权意识抛在脑后，简单的复制粘贴就可以把别人的东西变成自己的。随着当下人们版权意识的觉醒，大家对数字内容的版权非常重视。区块链的诞生为版权保护提供了有力保障。我们可以将作品内容和作者姓名加密打包进区块链，再盖上一个时间戳，自此无法篡改，也不再需要耗费时间和精力去举证版权是谁的。如果有人想使用你的版权，你还可以决定收不收费，收多少才授权。

2018年1月25日，区块链音乐平台Voise上线。歌手把作品和30秒的小样上传到以太坊区块链上，自己定价。粉丝试听小样，如果觉得不错，想要听完整的一首歌或下载歌曲，就要使用数字货币付费。

食物溯源

2017年12月21日，首个区块链防伪溯源的农业品牌"步步鸡"和顺丰优选宣布，"步步鸡"将在顺丰优选全平台进行全球首发。和普通鸡不同，"步步鸡"打造全新养殖模式，精选各地土鸡苗绿色散养，利用物联设备实现鸡苗运动、位置、环境温湿度、土壤信息等数据的自动收集并实时上传到区块链，基于区块链的可追溯性，消费者能查询到这只鸡从生到死的全部信息。区块链不可篡改的特点，保障了溯源信息不可复制，真实可靠。

公益捐款

互联网公益的推出在宣传和筹款方面都取得很大效果，但是求助信息的真实性却无法保证。有不少人利用大家的同情心进行"诈捐"，越来越多的真相被揭发之后，人们哪怕有帮助别人的心，也会不愿捐、不敢捐。

如果通过区块链将公益流程中的捐赠项目、募集明细、资金流向、求助信息等全都上链,由于信息不可篡改且永久保存,整个公益过程都可以跟踪。即便有人作假,也可以倒查到每一步,找出是谁在哪个环节做了手脚,为慈善公益公信力的建立打下良好基础。众安科技和火堆公益在募捐中就应用了区块链技术,它们将所有捐赠人信息、捐赠款项、资金流向和善款使用情况都经过加密记录在区块链上。一切数据不可篡改,每笔资金的使用情况均公开、透明,挪用善款将变得困难重重。

其他应用

区块链说到底是一种技术,技术可以渗透到人类生活的方方面面,其五花八门的应用,有时我们甚至想都不敢想。比方说,家长想要给孩子零花钱,让其自行购买喜欢的东西的同时培养理财意识,但是又怕孩子大手大脚胡乱买东西,孩子的行为和家长的愿景仿佛永远不能达成一致。那如何才能实现"双赢"呢?利用区块链技术就可以做到。家长和孩子首先在零花钱方面达成协定,然后在以太坊上建立一个"零花钱合约",当孩子将零花钱花在违背合约内容的地方时,就会被合约制止并且将这一"劣迹"记录在案,这样一来,孩子的行为只需要交给智能合约直接管理,不需要家长监控。

CHAPTER 6 第六章 别把区块链当万能钥匙：区块链的风险与挑战

区块链存在着巨大的实用价值和发展前景，但同时也必须承认，现阶段区块链的发展同样面临着很多的风险和挑战。要抓住区块链这一风口，必须了解并规避在这一过程中可能存在的风险与挑战。

区块链存在着巨大的实用价值和发展前景，但同时也必须承认，现阶段区块链的发展同样面临着很多的风险和挑战。它有可能会遭受攻击，也可能暴露隐私，甚至会被不法分子利用，进行违法犯罪行为。要抓住区块链这一风口，必须了解并规避在这一过程中可能存在的风险与挑战。

1. 攻击性与安全性

数字货币不像人民币那样看得到摸得着，它只是人们可持有、可保管的数字信息，以比特币为例，它仅仅是通过哈希算法生成的一串数字。严格来说，比特币是储存这些数字信息的地址，它可以接受或者发送数字信息。如果地址不存在，那么我们既发不出去，也收不回来。打个比方，比特币就像邮箱，我们必须先有一个邮箱地址，才能发送信息，而邮箱主人只有持有私钥，才能打开邮箱，取走放在里面的比特币。

由此可见，私钥是比特币主人需要保管和保密的账号信息。在传统银行体系中，如果我们忘记了银行的密码，可以去银行重新设置。但是，在比特币系统里，私钥一旦丢失，就没有办法重新设置，你再也打不开邮箱，也拿不走放在里面的比特币。这是由比特币的去中心化特性所决定的。

因此，要想管理好自己的比特币，一定要严格管理好自己的私钥，一旦私钥丢失，比特币也就丢失了。通常，我们把私钥保存在自己的电脑和手机中，当需要支付时，通过软件用私钥签名并发送交易。但是，我们的电脑和手机有可能丢失、中毒、被入侵，私钥也有可能损坏，如果有人对私钥进行复制，也能够进入你的账号盗走比特币。

这世上不存在绝对安全的办法，但是我们可以用其他方式来减少此类的风险，比如，使用多个账户地址存放加密货币。我们在频繁使用的在线账户中，存放少量的加密货币，这些账号的私钥保存在电脑等设备上，其余加密货币转移到不常用的离线账户中，这里的离线账户是指该账号的私钥不在任何连线设备上存放。每当在线账户里的钱增加到一定程度的时候，就可以将其转出，放到离线账户中保存。比特币的离线账户有个优点，就是在往账户地址转入比特币的时候，账户无须连通网络，这可以大大增加账户的安全性。

如果一个人拥有多个账户，那么运用一个科学的账户管理办法是非常必要的。钱包（Wallet）就是这样一个管理加密货币及其交易的软件。钱包具有良好的操作界面，可以方便协助用户完成各种货币交易。另外，钱包软件还可以创建新的账户地址，使得用户的交易更具有匿名性。需要指出的是，钱包软件创建新地址的时候是用随机数的方式生成的，并不需要联网校验新地址是否被他人使用。这些账户从没有发生过交易，不能从公共账本中查找到，而账户地址相同的概率极其低，低到几乎不可能发生。由此可见，这种办法是管理账户的最好选择。当然，我们还是要强调一点，安全防护的意识必须时时刻刻都记在心里，使用账户的时候一定要注意电脑环境的安全，如果自己不注意，最终只能是自己坑自己。

最初使用钱包软件的时候，需要把整个账本的地址下载到本地，以便获取账户和交易的相关信息。由于账本记录了数字货币从无到有的所有交易记录，数据量极其庞大，使用起来很不方便，于是，大家不断优化钱包的容量，发明了云钱包。这得益于云计算的快速发展。使用云钱包的时候，并不需要安装任何软件到手机或电脑之中，而是通过网络，直接访问云端钱包应用。这非常方便，尤其在没有联网的情况下依然可以使用，大大提高了安全系数，是很多人管理账户的优选方案。但是，并非有了云钱包就可以高枕无忧了，它的风险在于云钱包的运营商掌握着我们的相关账号与私钥，而运营商也有可能出现被攻击的情况从而导致账号泄密。因此，这样看来，将在线钱包里暂时不用的货币转移到离线账号中，似乎是管理账户最安全的办法。

区块链是一个点对点的网络程序，彼此之间通过一个共识规则来进行数据的一致性同步。这个共识规则，就是共识算法，比如工作量证明机制、权益证明机制等。这些算法，虽各有特点，但最终的目的是一致的，就是提供一个相对公平，也容易让大家遵守的机制，来确保区块链各个节点数据一致。

我们把运行挖矿程序的节点称之为矿工。矿工通过选择一种算法，拿到区块链数据的打包权，即承包权，然后对其全权负责，将网络已经发起但还没有发送到主链的事务性数据打包储存到新的区块，并广而告之给其他节点。但是，这中间存在一个很大的问题，如果有人通过别的方式占据或者垄断绝大多数的打包权，一旦管理不当，就可能发生无法预料的事情。如果让一个人长期掌握一个游戏规则的制定权，那么这个游戏规则只会对制定游戏规则的人有利，甚至制定的游戏规则就是为了掠夺其他人的利益，而那些被掠夺者还没有办法申诉，因为制定游戏规则的人已经将各种申诉的道路都堵死了。这是多么可怕的事情啊！

在区块链程序中，谁的算力大，谁就有大概率获得打包权，一旦有人掌握了区块链绝对力量的打包权，也可以说是控制权，那么这个人就会拥有绝对破坏力，我们通常将这种破坏力称之为51%的攻击，51%只是一个约数概率，意味着压倒性的破坏力。

如果有人拥有了这种破坏力，他必然会对区块链进行攻击。我们知道，区块链是彼此衔接的，而其他的交易事务也是通过输入输出的形式一一对应，要想记入主链，必须将区块发出去，等待其他节点验证后才可以成功。更改其中任何一个区块的交易事务，是无法得到其他节点验证通过的，自然也不会造成任何攻击性行为。但是，如果掌握了51%的攻击，情况就大不一样了，只要不违背区块链交易事务之间的衔接关系，它有权力阻止部分或者全部的交易，向哪个区块投入交易事务由它说了算。如果它不向其他节点广播，其他节点不知道交易的发生，那么它就可以通过技术手段任意剔除一些交易事务，使得有些交易事务长时间得不到主链的确认。

所以，大家一直在研究新的共识算法，可是无论如何，都没有十全十美的算法。我们只能尽量避免自己被攻击，或者被掏空权力，预防其他节点权力增长过快，对自己及他人的利益造成损失。

2. 匿名性与隐私性

加密数字货币是区块链技术的一大应用，其最大的优点就是具有匿名性和隐私性，实际上真的是这样吗？

我们知道比特币交易的时候，是通过地址来确认的，虽然交易的账本对比特币的地址和数量有记录，但是没有办法直观地看出到底是谁在交易，这就是比特币的匿名性。可是，一旦比特币与现实社会发生交易，每个用户都要与具体的地址和人挂钩。比如，我们用比特币网购东西，那么买家的姓名、地址、电话等信息都会暴露出来；我们在商店使用比特币支付，看似对方不了解我们的信息，但在交易系统里，我们与谁交易、金额多少也会暴露出来。这与我们上网浏览网站是一样的道理，看似并没有注册网站用户，只是浏览了一下网页，但是我们的 IP 地址信息早已在网络的后台中留下痕迹。为了防止有人利用比特币进行洗钱，比特币的交易机构要求客户必须留下相关真实的资料和信息。有些科学家还针对比特币是否能够真正匿名进行了很长时间的研究，最终发现要想比特币完全匿名几乎是不可能做到的，高达40%的比特币地址很快被识破身份，剩下的60%在一定的技术支持下也很容易被识别出具体的身份。可见，比特币所谓的匿名性是不存在的。

既然比特币的匿名性是不存在的，那么比特币的隐私性是否可以得到保证呢？其实，这和匿名性的道理是一样的，谁都没有办法给出百分之百的保证。我们知道，比特币在交易的过程中，每一笔都会公开记录在区块链的大账本上，任所有人查阅。通过交易的地址，大家用一些手段就可以了解交易的对象是谁。举一个很简单的例子，如果有人将比特币转移到另一个地址，那么，只要这笔交易发生，它就会自动向区块链中的其他节点广播，告知所有人发生了这样一笔交易。其他人通过比特币区块链上的公开数据可以判断这笔交易双方的地址是否属于同一个人，也可以追踪到与之发生交易的其他地址，进而发现更多的交易细节。

由此可见，区块链系统不仅不存在隐私性，甚至还是透明的。为了解决区块链的隐私保护问题，科学家研发出了混币、环签名、同态加密、零知识证明等几种方式。

混币原理：我们假设在一个交易中，有很多人参与，其中包括大量的输入和输出，这样一来，我们很难在大量信息中找到对应的一方，输入与输出之间的联系被割裂。多次混币、每次少量币，效果更好。混币原理并不复杂，就是把不同用户的多个交易合并成一个交易。说这种方案有一定的隐藏性是因为，一旦多个地址合并在一起，外人很难查找到属于同一个人的输入地址，也就没有办法判断最终的流向。这大大提高了区块链用户的隐私性。

环签名：环签名是一种简化的类群签名，因为签名由一定的规则组成一个环而得名。在环签名方案中，环中一个成员利用他的私钥和其他成员的公钥进行签名，但不需要征得其他成员的允许，而验证者只知道签名来自这个环，但不知道谁是真正的签名者。环签名允许由一个成员代表一组人进行签名而不泄漏签名者的信息，解决了签名者完全匿名的问题。

同态加密：同态加密是一种无须对加密数据进行提前解密就可以执行计算的方法。它提供了一种方法，能够在原有基础上使用区块链技术。通过使用同态加密技术在区块链上存储数据可以达到一种完美的平衡，不会对区块链属性造成任何重大的改变。也就是说，区块链仍旧是公有区块链，而区块链上的数据将会被加密，因此，这种方案解决了公有区块链的隐私问题，使公有区块链具有私有区块链一样的隐私性。

零知识证明：零知识证明是一种密码学技术，是一种在无须泄露数据本身的情况下证明某些数据运算正确的一种零知识证明，允许两方来证明某个提议是真实的，而且无须泄露除了它是真实的之外的任何信息。

3. 不断增长的数据管理

区块链技术如火如荼地发展着,每天有成千上万条交易记录在区块链的大账本之中,而且不仅仅是简单地记录,交易过程中与之相关联的其他数据也要同步更新。随着交易量的增加,数据日积月累,占据了越来越多的内存空间。据统计,2016年7月,比特币在区块链账本内的数据大小才80GB,但到了2017年7月,该数字已经突破了130GB,短短一年的时间翻了近一番,并且这一数字还在不断增加。

这么一来,问题出现了,针对不断增加的数据应该采取什么样的方式进行管理呢?

当然,针对用户来说,可能没那么在乎,唯一让用户担心的,就是这些交易数据不容易转移,尤其当这些数据不断变化时,数据同步有着巨大的难度。

庞大的数据仅仅依靠以太坊这样的平台来储存是不可能的,根据以太坊的数据统计显示,以太坊区块链每日增加5.7GB,目前已达到了200GB,这是多么可怕的一个数字。在这种情况下,用户必然会被要求分流一些压力,可是没有任何用户愿意让自己的电脑被占据很大的储存空间,何况这样对缓解数据压力也起不到多大的作用。

区块链是点对点的交易网络,之所以能够安全稳定运行,依靠的是大量节点的支撑,这些节点是组成区块链网络的基石,而减少节点数量,对区块链系统来说有很大的危害。数据的不断增加,只会让区块链网络难负重荷,不断占据节点的空间,最终导致节点减少,让区块链向中心化靠拢。

用户在交易的过程中,每一笔都会记录在区块链的账本之中,通过节点的验证,确认交易的完成。那么,节点是如何验证的呢?唯一的办法就是与本地的账本数据进行校验,比如核对交易数额是否一致,来源合不合法等。然而,要在如此庞大的数据库中完成数据匹配,可不是一两秒就能完成的,验证的速度会相当慢,区块链网络的处理效率自然也随之降低。

如果区块链系统可以建立一整套规模庞大的负载均衡系统，然后在全国设立成千上万的服务器将庞大的数据进行切割，也就是将用户使用的请求分摊到全国的服务器上面去，那么就可以缓解数据过于集中而产生的超负荷的压力。但是，区块链不可能做到在全国设立成千上万的服务器，更不能做到对数据进行切割。另外，对于区块链应用而言，每个节点都要求必须能够独立运行，尤其是具备所有功能的完全节点，节点之间并没有依赖可言。如果将一个节点的运行拆分成一个集群，事情就会变得非常复杂，不仅针对操作技术，其本身也难以保证能够顺利访问整个区块链的数据。如果一个节点上的数据被切割分到更多台设备上，那么，谁可以保证这些数据能够一直可靠地存在呢？而且我们还得保持这些集群服务器是互联的，否则节点将很难独立去验证或者访问区块链数据，这就增加了很多不可靠的因素。

我们知道区块链的应用理念就是通过一个分布式、去中心化的网络结构，通过一套可靠的共识规则实现自治管理的系统。如果一个完全节点自身都不能保证能够可靠地访问完整的区块链数据，那么何来自治管理？又如何保证用户的利益呢？

那么，到底有没有办法走出区块链交易数据庞大的困境呢？目前有一个思路，对区块链相关交易数据进行压缩，也就是对那些还存在区块链账本中的已经老旧的交易事务进行全面彻底剔除，这样无疑能够节省很多的空间。但是新问题来了，今天的新交易都是从昨日的旧交易而来，如果剔除了老旧的交易事务，则有可能导致新交易事务无法有序地进行。这些问题目前无人能够解答，这也意味着数据量暴涨导致交易缓慢的问题还是一时半会儿解决不了。

4. 去中心化的违法风险

　　区块链建立的是无约束的去中心化的体系，这种体系对金融行业的变革有积极的推动作用。如何能够与现有金融体系乃至其他"中心化大象"合作，发挥互补和良性推动作用，值得深入关注和探讨。

　　从技术上来说，去中心化的区块链是安全的，但是中心化的交易所就不一定了。造成这样的原因主要有二：一是交易网站有可能存在漏洞。曾经以加密货币交易闻名世界的MtGox网站，在2014年正式申请破产保护。原因是公司网站遭遇大规模黑客攻击，大部分的比特币被窃取，总价值达到了4.7亿美元，且很长一段时间都没有被发现。二是平台增发虚拟资产风险，而国家在数字交易这一块并没有建立相关的法律保护。万一平台无中生有增发虚拟资产，一旦发生挤兑，平台就无法兑现，最终一跑了之，损害的是人民群众的财产利益。要防范这一类风险比较难，但还是可以尽量避免，比如，如果想交易虚拟产品，要去大的交易平台交易，充值后尽量及时交易，交易完毕不要把虚拟资产存放在交易平台，而要及时提到自己的钱包，或者换成现金存回银行。

以比特币为代表的加密货币没有权威的发行机构，虽然可以查到自始以来的所有交易记录，但却不是实名的。试图跟踪与破解某个比特币拥有者的身份，需要花费极其漫长的时间和令人恐怖的计算机资源，对一般人而言是不可能完成的任务。一些犯罪分子利用这一缺陷，将加密货币变成非法交易和洗钱的载体，不需要银行账号，不需要身份证，仅仅一个电子邮件地址和一台联网的电脑，就可以在全世界任何地方使用比特币，没有人知道是谁支付的，也不知道钱流向了谁的电子钱包。

总之，区块链是新时代进步的产物，它能够带动经济的发展，但也存在着很大的风险，因此，我们在使用加密货币交易的时候，一定要有安全意识，虽然不可能完全杜绝，但是我们必须清楚会遭遇什么风险，以及如何防范它们。

5. 我国龙头企业的区块链布局

区块链技术虽然尚有一系列问题，但是它的优势显而易见。大家常说，机遇与风险并存，那么，在全球区块链热潮席卷而来之际，我们该如何迎接挑战，如何保证自己的利益呢？我们以国内的几家公司为例，看看它们是如何应对挑战，布局区块链的。

阿里巴巴

在2017年全球区块链企业专利排行榜100强中，中国企业入榜占比49%，占全球第一，美国占比33%，排名第二。在所有企业中，中国的阿里巴巴排名第一。

阿里巴巴的区块链专利主要来源于蚂蚁金服。让外界意外的是，蚂蚁金服最先应用的区块链场景不是金融，而是各种生活场景。2016年7月，阿里巴巴旗下的蚂蚁金服宣布区块链技术即将上线，并首先应用于支付宝的爱心捐赠平台。将区块链技术用于支付宝爱心捐赠平台，其背后真正的目的是让每一笔捐款的流转都记录在区块链上。这样一来，每个捐款人都可以知道自己所捐款项的使用情况，追踪款项最后的实际用途，让捐款能够真正落实到被捐赠人的身上。区块链技术自身的优势与特点，被认为有助于解决中国社会公益的透明度和信任度问题。

阿里巴巴追求应用的广度，目前蚂蚁金服的区块链技术已经成功应用到食品安全溯源、商品正品保障、房屋租赁房源真实性保障、爱心捐赠公益中，都是生活中实实在在的场景，也都有很大的市场，2017年11月蚂蚁金服用区块链技术来做奶粉正品保障，2018年4月1日蚂蚁金服发布的Block 7区块链漆概念产品，展示出其将区块链技术应用到交通汽车行业的图谋。

腾讯

早在2015年，腾讯就已成立区块链团队，进行技术研发，通过联盟链技术，将区块链落地到微黄金、供应链金融、电子存证、公益寻人等项目中。

2016年5月，腾讯旗下的金融科技独角兽微众银行发起成立了金融区块链合作联盟，简称金链盟。至今，金链盟成员已涵盖银行、基金、证券、保险、地方股权交易所、科技公司六大行业的八十余家机构。腾讯在互联网金融领域布局了九大板块，分别是支付、贷款、理财、保险、证券、银行、征信、基金、众筹，在每个板块都有自己的战略规划。这次腾讯成立金链盟，就是打算以此为契机，与公司相关的业务抱团合作，共同探索如何与区块链技术结合，发挥最佳力量，保证自己的金融位置，争取最大的利益。

2017年4月，腾讯推出了《腾讯区块链方案白皮书》，并发布腾讯可信区块链，简称腾讯区块链。从其白皮书和业务网站可看到，腾讯区块链已经是一个在运转中的"区块链云服务"，并有腾讯微黄金红包等尝试性案例在其上运转。腾讯区块链可以看成是一个使用了区块链基本数据存储方式即"块链结构"等的专用云计算平台，重在探索区块链的应用场景。它没有像公链项目一样开源、开放节点接入和采用社区治理方式,它也不像超级账本那样把重点放在开发一个基础软件。腾讯区块链的结构包括三层:底层平台、平台产品服务层和应用服务层。腾讯区块链提供了区块链即服务(BaaS, Blockchain as a Service)开放平台,希望开发者用户基于这一平台开发区块链实际应用。从开发文档看,开发者用户不能自行设立区块链节点,接口所提供的主要是链上数据的调用和操作。根据《腾讯智慧金融白皮书》显示,自2017年以来,腾讯区块链BaaS开放平台的注册企业从0家增至800家以上。

除此之外,目前腾讯区块链已经在供应链金融、腾讯微黄金、物流信息、公益寻人、游戏、医疗等领域进行场景化探索。从腾讯最近对区块链技术的表态来看,它正在加快对区块链应用开发的步伐,不过腾讯的思路是先"做深做透场景",目前更多是在验证阶段,尚未规模化应用到实际业务之中。

百度

这些年，百度在高科技产业的发展速度越来越快，通过大数据分析、人工智能等国际先进技术，百度有望充分利用科技力量，改变现有金融业务的整个流程和运营模式。百度对外投资一向重视拥有创新技术和创新模式的黑马公司，布局区块链也彰显了其对技术创新尤为看重的特性。突破性技术将会对百度金融有更大的推动力。依托其自身的大数据与人工智能技术，区块链技术将逐步延伸至整个百度内部系统，加速百度金融生态的进一步发展。

百度此前推出了一款名为"莱茨狗"的区块链宠物狗，用来展示百度金融公有链技术的实力。2015年，百度金融成立了区块链技术团队，2016年投资了美国区块链技术公司Circle，2017年百度区块链技术开始大面积落地。百度金融没有跟数字货币等"热点"，而是将区块链应用到金融的各个环节，除了公有链平台外，还有联盟链平台。

在业务层面，百度最重视的是金融领域，特别是ABS项目的应用。ABS全称是资产支持证券化，即将一个项目资产的预期收益证券化，通过区块链技术可以防止项目重复融资、确保资产收益透明可追溯，等等。此外，百度的区块链即服务开放平台是业界支撑资产最高的金融类区块链开放平台。可以说，金融已成为百度区块链落地的黄金场景。

百度最具优势的人工智能技术，也与区块链结合应用到反欺诈、鉴权、信用分、贷款、风控等领域。区块链可以实现数据的记录共享交换，给人工智能提供数据基础，反过来，区块链的智能合约和分布式存储，也可以用人工智能来不断训练，进而提高效率。

京东

早在2016年，京东集团就全面启动了区块链技术在京东业务场景中的应用探索与研发实践，先后在供应链、金融、保险防欺诈、大数据安全、政务及公共领域落地了不同的区块链应用，在此过程中积累了大量的区块链部署经验与底层技术研发能力。

2018年，京东发布了《京东区块链技术白皮书（2018）》。

不同于区块链研究领域内的其他白皮书，这份白皮书没有过多阐述区块链技术的宏观环境，而是立足于区块链技术平台本身，以一个实践者的角度，结合京东潜在的区块链应用场景，给出区块链技术研发和应用的建议。京东正在积极筹备开放支撑自身落地应用的区块链即服务平台，其目的是打造面向企业级应用的区块链基础设施，为企业提供解决系统性能、功能完备性、系统扩展性、监管审计支持、易用性等问题的区块链技术方案。

京东的目标是以区块链为"链接器"，结合自身在云计算、大数据、人工智能、物联网等新技术上积累的经验，构建一体化的智慧供应链体系、零售网络和金融科技，拉近商品与客户的距离，在无界零售的集团战略指引下，全面开放自身的区块链技术积累，共赢未来。

华为

2018年4月17日，华为对外发布了《华为区块链白皮书》。华为在区块链发展中进行了技术创新，其采用一种高效、支持拜占庭容错、具有自主知识产权的共识算法，有效改进了拜占庭容错算法的缺陷。华为区块链通过国密算法、同态加密用户交易隐私保护、零知识证明、智能合约安全等方面为区块链的安全隐私提供更强保障。此外，华为区块链还在共识安全、账本安全、通信端到端的安全进行了创新。

华为目前关注的区块链的应用场景有数据交易、身份认证、新能源、车联网、供应链溯源、运营商云网协同、供应链金融等。其对未来的发展判断如下：从应用维度上，2018年是区块链应用的元年，在标准没有完善前，在不同行业的试用是重点；从技术维度上，安全是构建区块链需要考虑的重要问题，国密算法将会成为区块链在国内主要市场应用标准；从区块链产业发展上看，中美欧会成为区块链应用的重要区域，区块链不会昙花一现，我们可以依靠区块链在技术竞争中占据先机，而这些需要明朗的产业政策给予保障，目前国内从中央到地方政府机构都在努力构建区块链的孵化环境，推动区块链产业健康发展。

平安

2016年7月31日,在上海举办的第三届互联网金融外滩峰会的区块链与金融科技创新论坛上,平安集团的负责人表示,区块链技术是平安未来进军的重点,平安为此准备成立一个金融科技部门,或投资,或互动,参与到国内外机构的合作之中,助力区块链技术的发展。平安旗下子公司涉及金融、医疗等多个领域,区块链技术的应用显得尤为迫切。2016年4月,平安集团加入区块链国际联盟组织R3,未来将获得R3的内部技术支持与咨询调研服务,这有利于消除国内和国际的区块链技术落差,统一技术标准,加速国内外区块链技术接轨进程。

以平安旗下金融壹账通为例,平安金融壹账通完成A轮融资,估值80亿美元,现在金融壹账通正式推出区块链解决方案——壹账链。区块链在金融行业的应用已经被众多机构所挖掘并实现,但在发展的过程中面临着趋同的瓶颈,这些瓶颈也阻碍着区块链在金融应用层面探索的深度和广度。具体而言,这些瓶颈包括,决定区块链性能效率的吞吐量效率、决定安全性的隐私保护以及如何化繁为简的部署管理。目前，这三大难题均已被金融壹账通的区块链解决方案——壹账链一一突破，从根本上解决了困扰行业已久的三大难题。

从国内行业巨头发布区块链白皮书、开放平台等动作来看，巨头更愿意带着各行各业，包括创业者和开发者一起来探寻区块链技术和应用。区块链的竞赛才刚刚开始，在这场占领制高点的比赛上，下一阶段的竞争将更加激烈。只有提早布局，不断在应用场景和领域进行积极探索，才能占领区块链的制高点，把握区块链的风口，抓住财富的机遇。

CHAPTER 7 第七章 未来已来：区块链的研究与展望

基于对区块链良好发展前景的认同，很多企业、学校和社会组织等已经对区块链展开了较为深入的研究，相关成果也在一定程度上反映了区块链的发展和未来。无论如何，区块链的风口已来，未来值得期待。

基于对区块链良好发展前景的认同,很多企业、学校和社会组织等已经对区块链展开了较为深入的研究,相关成果也在一定程度上反映了区块链的发展和未来。无论如何,区块链的风口已来,未来值得期待。

1. 万向区块链

早在2015年,中国万向控股有限公司便在区块链技术领域开始了战略性布局。当年9月,该公司在上海成立了万向区块链实验室,其联合创始人分别是中国万向控股有限公司副董事长兼执行董事肖风、以太坊创始人维塔利克·布特林(Vitalik Buterin)以及比特股联合创始人沈波。这是中国国内首家专注于区块链技术的非营利性前沿研究机构,实验室聚集了全球范围内的相关专家,就技术研发、商业应用、产业战略等方面进行研究探讨,为创业者提供指引，为行业发展和政策制定提供参考，促进区块链技术服务于社会经济的进步发展。

后来，该公司又逐步打造了万向区块链商业创新咨询、万向新链加速器、万云等业务，与万向区块链实验室一起，构建成为万向区块链生态平台。2017年年初，上海万向区块链股份公司正式成立。在进一步整合资源、深化平台建设的基础上，万向控股组建了一支实力出众的产品和技术团队，提供基于区块链技术的深度行业解决方案，从技术、资本、行业活动等多方面全力推动中国区块链的行业发展和业务落地。

在技术推动方面，万向区块链实验室联合十余家公司成立了中国分布式总账基础协议联盟（China ledger），从事区块链底层研究工作。另外也推出了万云平台，提供区块链即服务（BaaS, Blockchain as a Service）。

在资本方面，万向区块链实验室设立了专门的区块链技术投资基金，用于在全球范围内投资区块链商业应用相关的各类项目，包括区块链技术商业应用早期项目（天使投资、种子基金）和中后期的项目。另外，万向控股承诺，前三年每年向区块链实验室赞助100万美元，以支持区块链和数字货币领域的全球志愿者及项目。

2015年11月，万向区块链实验室推出了名为"BlockGrant X"的全球优秀区块链项目资助计划，向全球范围内的区块链技术开源项目提供赞助，以支持加密算法、共识机制、交易性能改进等区块链技术的基础性研究。第一期赞助计划共收到约30份申请书，共有9个优胜项目，赞助总金额为10万美元。

同期，万向区块链实验室推出了名为"BlockTrain X"的培训计划，首先推出的是为期1天的区块链基础知识培训，培训对象为对学习区块链相关知识及其发展现状感兴趣的人员（有无技术开发背景均可），如企业和机构的行政人员、投资基金经理、产品经理、准备进入区块链行业的开发人员等。

此外，由万向控股注资的分布式资本，目前已经在全球范围内投资了近40家区块链创业公司，每一家的投资额度从10万美元到300多万美元不等，这也给了万向区块链一个连接全球区块链生态的好机会。

在行业活动方面，万向区块链先后举办了三次区块链全球峰会，出版了多本区块链丛书，及时发布区块链行业报告，并推出服务于区块链方向初创团队的加速器新链。万向新链加速器每年开营两次，对每个入选项目进行一对一技术指导和商业化梳理，并推动它们获得下一轮投资。

万向区块链实验室还推出了区块链咨询业务，对一些行业项目提供解决方案。除了外部服务，万向控股内部也会使用区块链技术来完成某些场景下的需求。

万向区块链的愿景是通过连接全球业界，凝聚全球区块链生态体系的各种力量，打造开放的专业交流互动平台，让更多的企业、创业团队、投资人和科技爱好者加入"智链万物，信至行远（In Blockchain We Trust）"的全新技术浪潮中，利用科技的力量，真正改变我们所生活的时代及未来。我们相信，这一天终会来临。

2. 中国区块链应用研究中心

互联网金融博物馆作为全球首家专业主题的公益博物馆，已经建立了广泛的业界资源和行业优势，成为国内互联网金融学术研究和应用展示的平台与高地。

2015年12月，互联网金融博物馆牵头成立了"中国区块链应用研究中心（北京）"，后又相继成立了"中国区块链应用研究中心（浙江）"和"中国区块链应用研究中心（上海）"。随后将在深圳再建分支，利用公益研究平台推动社会金融启蒙，建立公众认知标准。

中国区块链应用研究中心是一家民间非营利性中立机构，该中心邀请具有行业政策影响力的社会人士组成顾问委员会，设立理事会机构，并特聘研究员团队，旨在加速推动区块链技术在中国的实际应用与发展，同时为中国区块链发展提供人才支撑，成为具有全国影响力的区块链智库和行业标准推动者。

2017年1月,素有"世界经济风向标"之称的达沃斯世界经济论坛在瑞士小镇达沃斯召开。在此次论坛上,由中国发起的世界首个全球区块链商业理事会(GBBC)宣布成立。全球区块链商业理事会是基于中国并购公会创始会长王巍在2016年夏天于加勒比海奈克岛会议的提议而发起,目前已有22个国家理事加入。

2018年1月,全球区块链商业理事会中国中心,即中国区块链应用研究中心,在达沃斯召开了圆桌会议,主题为区块链在亚洲(Blockchain in Aisa)。与会专家就区块链未来的技术发展及实际应用落地发表了自己的见解。中国区块链应用研究中心前任理事长邓迪表示:"中国区块链应用研究中心的职责,就是教育大众,让社会了解真正的区块链技术和区块链应用。我们已经培训了1000余名区块链学员。在国内,我们与江西赣州政府合作推出了'链橙',应用最先进的区块链技术,将赣州脐橙上链。目前,我们与泰国政府和企业也在合作中泰食品链,未来会将泰国的蔬菜水果上链,保证进出口食品的品质和来源。在2018年,我们会继续结合中国政府的'一带一路'政策，将中国的区块链技术，推向全世界。"

全球区块链理事会的成立旨在让企业管理者了解区块链技术，帮助有意应用区块链技术的企业实现他们的目标，并为商务和技术专家提供一个区块链技术应用领域的交流及合作平台。全球区块链理事会将为企业、创新者和技术专家提供一个不可或缺的交流平台，并为全球共同探讨区块链技术创造更多机会，促进区块链生态的建设。

当前区块链应用研究在全球范围内如火如荼地进行，而国内的发展状态似乎一直不温不火。中国区块链应用研究中心的成立，为中国本土的区块链应用研究打造了一个重要基地，它将承载着新的使命不断前行，为区块链的推广与发展做出贡献。

/ 第七章 未来已来：区块链的研究与展望

3. 北航数字社会与区块链实验室

北京航空航天大学（北航）数字社会与区块链实验室于 2015 年 10 月成立。该实验室主要致力于区块链、智能合约、计算法律学和数字社会等技术的研究与应用。

北航数字社会与区块链实验室的核心成员有蔡维德（北航）、大卫·哈雷尔（David Harel，以色列魏茨曼科学研究院）、维塔利克·布特林（Vitalik Buterin，以太坊创始人）等。该实验室专注于共识算法、应用问题、架构问题等基础问题的研究，重点研究领域为区块链的大数据行为和高并发能力（High Concurrency，通常是指通过技术手段保证系统能够同时并行处理很多请求的能力）。

作为实验室核心成员的蔡维德强调，一般人认为，区块链就是安全和共识，但是我们认为，区块链最大的方向是架构和数据库，其中蕴藏着层出不穷的难题。不同于他人研究智能合约和串行区块链，我们的研究重点是大数据和高并发，做的是并行区块链。这是两种完全不同的方向，差别相当于脚踏车与汽车。

在2015年的时候，高德纳咨询公司（Gartner）宣布，2016年将会是数字社会元年，大量的白领工作，包括市场报告、法律文件、白皮书、股东报告、新闻稿和其他文章等，将会由人工智能机器来分析和撰写。

在区块链技术研究方面，该实验室聚焦于区块链技术在互联网金融、版权保护、电子合同等领域的应用。私有区块链在企业内部、企业之间建立可信的分布式账本，具有数据来源可靠、数据链完整可追踪、数据存储不可更改等特性，可为互联网上新型经济和社会形态的审计、司法等监管机构提供具有公证力的基础证据。同时，实验室在基于区块链结构的非中心化数据存储、抽象数据结构及数据管理服务、数据加密、分布式一致性算法、节点信用评估等方面也进行着相关研究。

制约区块链发展的瓶颈之一在于交易频率低下。目前，比特币交易的峰值仅为每秒7笔，相较每秒处理2万多笔交易的VISA，"双十一"峰值达到12万笔的支付宝而言，现阶段大部分的区块链只能完成低频次的交易，显然无法满足人们日益增长的金融需求。当然，时不时有区块链交易频率测试过千过万的新闻出现，这是业界各个实验室积极进行着相关研究的成果。2016年7月，北航数字社会与区块链实验室宣布，北航链的交易速度每秒超过4万笔。这项技术的突破，意味着交易频率不再是区块链应用最重要的问题，但是在商业化的道路上，它依然存在着许多其他的障碍，例如软件应用架构和数据库的建立、应用安全性与稳定性的保障以及法律监管问题等。

智能合约是区块链的一项重要应用。智能合约在数字化交易过程中，能够自动执行新建合约、价值交换等命令，是互联网空间身份信任和管理的有力保障。北航数字社会与区块链实验室结合实际应用，针对智能合约的形式化定义和自动化执行机制等关键问题开展相关研究。

计算法律学是法学和计算机科学与技术交叉的前沿探索性学

科，而智能合约是计算法律学的一个重要应用。计算法律学这一概念的提出经历了几十年，早期的研究侧重于从法律逻辑思考法律知识库、证实分析、法律知识关系可视化等方面的工作。随着智能系统研究的发展，海量数据处理能力大幅度提升，以自然语言处理为基础，以智能推理、搜索和优化技术为支撑，法律数字化和执行自动化的研究将开拓出一片崭新的领域。计算法律学因为与当地法律相关，虽然已有很多基于国外法律方面的研究，但在中国法律界才刚刚起步。目前，国内部分高校开展了专门的课题组进行计算法律学的研究，包括北航法学院、清华法学院等，国内企业在计算法律学的应用上还处于探索阶段。

2016年8月，北航数字社会与区块链实验室成立了新的机构——天德科技。天德区块链脱胎于北航链，主要专注于负载均衡的许可链（私有链、联盟链、企业链等所有非公有链）的创新与开发。为了解决区块链速度慢的问题，天德科技采用了双链架构和并发共识的区块链设计来提高速度。双链架构不仅可以保障隐私，还能够节省大量算力。双链架构是负载均衡的，既可以并行计算又可以串行计算,拥有扩展性,因此只要增加服务器就能够增加区块链的速度。目前,天德区块链已通过工信部电子五所、某世界500强通讯公司、某大宗商品交易所等单位连续高负载性能测试、功能测试、压力测试、异常(例如断电、断网)测试等。

天德科技还研发了大数据版区块链"高新一号",大数据平台完全集成在区块链架构中,能够实现海量数据的快速查询分析和存储,因此监管单位只需部署一个节点便能够监控所有交易信息,及时发现不合规的交易行为。应用场景包括交易所、清算所、银行和监管单位等。

实验室核心成员蔡维德在看好区块链发展前景的同时也有很多担忧。现在区块链是一个很热的词,无论国内还是国外都成立了很多与区块链有关的研究机构,但是区块链技术有很强的技术性,需要抱团,需要联盟,这样才能以弱胜强,才能制定出行业标准,才能发展得更加长远。但是联盟需要共有一个真正的区块链平台,否则,联盟内部相互竞争、互相伤害是难以有发展前途的。

另外，现在的区块链研究机构过于急功近利，刚刚成立就充斥着商业化，为了争取更多的利润漫天吹捧，最终的结局只能是自取灭亡。

4. 洪晟互联网基金会

2016年3月,基于互联网金融行业巨大的市场空间和空白,洪晟互联网基金会成立了。基金会以专业的互联网和金融领域经验为根基,致力于投资出未来中国金融领域的独角兽。

洪晟互联网基金会以互联网+金融的理念,整合业界顶尖的公司及资源,为其投资的企业保驾护航。

洪晟互联网基金会以洪泰基金、点融网、微汇金融、中智城征信、联保投资集团5家行业知名公司为根据地,逐步扩大其在金融行业的影响力和品牌知名度。

洪泰基金是国内知名的早期投资机构,由新东方创始人俞敏洪以及资深投资银行家盛希泰联合设立,是中国十大天使投资基金之一。洪泰在业内独创了创业生态体系,设有覆盖种子、天使、成长(A、B轮)、新三板(PE基金)在内的全生命周期系列基金。

同时，洪泰投资有联合办公空间、加速器、智能硬件孵化器和新三板平台，构建了创业者全生命要素生态网。

点融网作为中国领先的互联网借贷平台，由互联网借贷公司借贷俱乐部（Lending Club）的联合创始人苏海德与中国资深金融法律律师郭宇航在中国共同创立。点融网致力于利用技术，连接投资者与有贷款需求的个人或企业，提供在线的信息开放服务，利用技术，真正降低借贷成本，同时提高出资人的回报收益。

微汇金融结合互联网和支付清结算能力，为新金融市场提供全新的工具和设施服务，致力于打造联邦制的新金融体系。

中智诚征信团队成员具有深厚的征信行业经验、金融行业管理经验以及跨越中西的征信行业任职背景，技术团队的主要研发人员来自费埃哲（FICO）、华为、阿里、法国电信、奥浦诺（Opera Solutions）等国际顶级的互联网公司及大数据公司，并参与了中国人民银行征信系统的开发，在中国征信领域从无到有的发展过程中积累了丰富经验，有着国内其他公司所不具备的优势。

联保投资集团是联想控股成员企业，也是联想控股旗下唯一的保险服务企业。联保集团由多家专业保险中介机构和支持类服务企业共同组成,致力于成长为全产业链的大型金融保险服务集团。

洪晟互联网金融基金凭借中国投资基金领域独一无二的创始人组合,以互联网理财、网络支付、消费金融、网络征信、电子货币、区块链技术、自动化投资等领域为目标,依托优质的项目渠道、高效和健全的投资决策机制、完备和系统化的投资管理体系、严格的投资标准、严格的风险控制流程,同时辅以多元化的退出渠道,确保出资人的资金安全和收益。

洪晟基金以B轮以内且估值1亿美元以内的创新企业股权为投资标的,单个项目投资金额在50万到3000万元人民币。其通过融合传统金融与互联网金融广泛的资源,利用合伙人团队的优势,为区块链、大数据征信等金融科技新兴领域的发展注入新的活力。

5. 区块链投融资分析

区块链技术在全球范围内快速发展，很多国家和地区看到了区块链给未来经济带来的巨大力量，纷纷砸重金进行投资。自2009年以来，至少有13亿美元投入区块链行业之中。大量的投资促进了区块链的快速成长。到目前为止，获得投资资金相对较多的有20个企业，这些企业大都在2011年之后成立，其中有几家完成了第三轮融资。然而其他大部分企业还处于早期融资阶段，可见区块链投资的热度才刚刚开始。

我国的区块链项目成立数量从2013年开始逐年走高，据统计，2017年中国区块链相关项目融资额总额超过12.7亿元，融资事件54起，而仅2018年第一个月，区块链行业融资额就达到6.8亿元，融资事件19起，融资金额和获投企业数量甚至超过2016年一整年。

最初人们投资区块链，主要集中在和比特币有关的领域，比如矿机芯片、交易平台、支付汇款、钱包服务等。大家之所以投资这些领域是因为这些领域大家都很熟悉，相关公司成立时间很久，业务成熟，经济效益也不错，能够给投资者看到未来和希望。

根据2013年到2016年全球区块链行业投融资项目类型报告，我们可以知道，挖矿业也是投资者相对看好的一个行业，尤其是欧美地区。可惜的是，这份报告并没有将中国列入其中。不过，从中国的实际情况来看，国内投资矿业的人也不在少数。不过国内投资矿业的资金来源主要是自筹资金。目前，大陆地区比特币算力占到全球总算力的70%，由此可以推断，矿机和芯片的总投资额至少是目前统计数据的三到五倍。

当然，国内的投资领域不仅局限于矿业，在其他区块链领域也有很多的投资，比如智能合约、数字资产、数据分析、身份认证、数字钱包、社交通信等。这些细分领域，许多都是基于比特币区块链或者包括以太坊在内的其他区块链之上的应用，从融资轮次来看，绝大多数获投企业为天使轮及A轮阶段，独角兽席位空缺，区块链行业尚处在早期发展阶段，但大公司进行战略投资布局的占比也在逐年走高。

全世界不同国家和地区的投资有很大的差异。在每年的投资中，北美洲占据了最大的份额，欧洲紧随其后，然后才是亚洲。区块链的理论和技术方案是由欧美国家初次提出并实施的，他们拥有丰富的互联网技术专业人才和经验积累。互联网的发展，无论从理论基础还是实践操作，欧美国家都站在了全世界的最前沿，占据了强大的主导权。

很多金融机构认为，区块链技术可以为金融领域带来颠覆性的变化，于是加紧投资的步伐。当然，也有不少人认为，区块链并非那么神奇，区块链的热门是大家炒作的结果，是一种泡沫现象。无论大家怎么看待区块链，从我国总体投资走向来看，区块链投资呈现线性增长，符合一个行业发展的初级阶段特征。大家在投资的时候很理智，都是在探索中少量投资。当然，由于区块链还是一个新兴的行业，具有很大的不确定性，存在不少金融机构对区块链进行了大量的投资但没有对外公开的现象。

不同年度，区块链的投资差异也很大。以2015年为界限，

2015年之前,很多人投资与比特币有关的矿机芯片和钱包服务,2015年之后,大家投资的方向转移到数字资产管理、底层技术与基础设施平台、媒体社交、数字钱包等方面。其中,数字资产管理、数字货币交易平台及底层技术与基础设施平台是目前最受资本市场追捧的三个领域。这充分说明了一个问题,投资者开始重点建设整个区块链生态环境。从最初的单一投资比特币,到今天投资区块链整个生态系统,行业细分类型越来越多,围绕核心生态系统的衍生产品也慢慢诞生了。

2018年第一季度,数字货币及其依托的底层技术区块链引发关注,互联网巨头和多家上市公司宣布进军区块链。随着区块链技术应用场景的落地和商业模式的不断清晰,行业融资事件不断,价值投资成为主流。据不完全统计,2018年第一季度国内区块链行业至少发生67笔投融资事件,投融资金额大约56.72亿元人民币,最高融资金额40亿元人民币由中国平安集团旗下的金融壹账通获得。同时区块链在媒体和文娱产业也异军突起,共有26笔投融资事件发生,例如秀币(Show.One)利用区块链和智能合约构建一个真正的点对点直播互动系统,消费者可以直接付费和打赏给内容生产者,不需要经过一个"中心",省却当前直播机构高达 70% 的手续费。

区块链行业本身在加速发展,体量也变得越来越大,已经成为当下最热的投资领域。区块链从触发到真正落地,需要大概 5~10 年的时间,就目前情况看,区块链行业仍处于发展初期,一些行业乱象和技术痛点依然存在。作为投资者,应理性看待区块链,谨防风险,重点考量项目是否具有实际价值、是否具有可落地的应用场景以及项目的团队能力等。

6. 我国区块链的未来与发展

区块链是互联网时代的新风口，我们在狂喜于这种技术给传统互联网发展模式带来诸多改变的同时，也焦虑自己是否能够真正迎风起舞，除了技术层面的难题以外，另一个关键点在于国家对于它的认知与定位。

中国是世界第二大经济体，中国的区块链发展毫无疑问是世界区块链产业的风向标。中国政府敏锐的目光看到了区块链对中国经济的推动作用，出台了很多有利于区块链发展的政策。相信在这些政策的指导之下，区块链会在各个领域发挥其最大作用，推动中国经济快速发展，进而提高人民的水平和生活质量。

2016年1月20日，中国人民银行数字货币研讨会在北京召开。来自中国人民银行、花旗银行、德勤公司的数字货币研究专家就数字货币发行的总体框架、国家发行加密电子货币等专题进行了研讨和交流。这次会议指出，随着信息科学的发展以及移动互联网、可信可控云计算、终端安全存储、区块链等技术的演进，全球范围内支付方式发生了巨大的变化，数字货币的发展为中国人民银行的货币发行和政策带来新的机遇和挑战。中国人民银行对此高度重视，从2014年起就成立了专门的研究团队，并于2015年年初进一步充实力量，对数字货币发行、业务运行框架、关键技术、发行流通环境、面临的法律问题、对经济金融体系的影响、法定数字货币与私人发行数字货币的关系以及国际上数字货币发行经验等进行深入研究，并已经取得了阶段性的成果。

2016年2月13日，中国人民银行透露了央行对发行数字货币提出的几个原则：一、要具备便利性和安全性，做到保护隐私与维护社会秩序相平衡，尤其针对洗钱、恐怖主义等犯罪行为要保留必要的遏制手段；二、要有利于货币政策的有效运行和传导；三、要保留货币主权的控制力，保证数字货币在可控范围内自由兑换。同时，数字货币作为法定货币必须由央行来发行。数字货币的发行、流通、交易，都应当遵循传统货币与数字货币一体化的思路，实施同样原则的管理。政府高度重视区块链技术与数字货币的发展，也正在加大投资研究，希望区块链技术为中国的经济发展注入新的活力。不过区块链技术的缺陷也困扰着专家们，区块链占用资源太大，不管是计算机资源还是存储资源，并且区块链交易频次不够高，无法应对现在的交易规模，同时还存在着"51%攻击"的问题。

2016年9月，中国人民银行再次对数字货币发表看法，当谈到区块链技术的时候没有再次谈论它的问题和缺点，而是更多地表达了对区块链的期待。短短几个月的时间，中国人民银行对区块链的看法有如此大的转变，说明中国人民银行也从当前技术的发展中探索出了新的思路，解决或者至少部分解决了区块链原有的问题。

2018年3月9日，十三届全国人大一次会议的记者会上，周小川表示，大家头脑中的数字货币概念都不一样，央行研发的名字叫 DCEP（Digital Currency Electronic Payment），DC 就是数字货币，EP 是电子支付，电子支付本身也是有数字货币属性的，研究数字货币不是说让货币实现某种技术方案的应用，本质上是追求零售支付系统的方便性和低成本，同时也考虑安全性和保护隐私。

周小川表示，数字货币有发展上的必然性，未来传统的纸币、硬币会慢慢缩小规模，甚至可能有一天就不存在了。但是，在整个过程中，必须要注意整体的金融稳定，防范风险。数字货币作为一种货币，在发行时必须考虑货币政策和金融稳定的传导机制，同时要注意保护消费者。作为大国经济，要避免犯了实质性的难以弥补的损失，所以必须通过充分的测试，确保可靠之后才能够推广。

狄更斯《双城记》中有这样一段话："这是最好的时代，这是最坏的时代；这是智慧的时代，这是愚蠢的时代；这是信仰的时期，这是怀疑的时期；这是光明的季节，这是黑暗的季节；这是希望之春，这是失望之冬；人们面前有着各样事物，人们面前一无所有；人们正在直登天堂；人们正在直下地狱。"而当下，我们面对的正是一个这样的时代。

2018年，作为区块链应用的元年，区块链项目百花齐放，创业者和投资者不时大呼"风口来了，快上"。谁都不知道区块链会在哪一个技术方向上开花结果，也没人知道哪种商业模式是对的。大家一起尝试，这是一个百家争鸣的阶段，而最后谁胜出是由市场来决定的。也许5年之后再看，玩法会跟现在完全不一样。而对于公司来说，要打开局面，就要随着技术的发展，不断迭代完善自己。

真格基金创始人徐小平表示，互联网时代他推崇"鼠标+水泥"，区块链时代他推崇"水泥+链条"，区块链技术一定要与实体经济结合，才能释放出更大的能量。回归实体经济，既是近几年国内资本市场的隐含主题，也是未来相当长时间内的主旋律。区块链要想改变未来，只有回归本源，把服务实体经济作为最根本的落脚点。毋庸置疑，一个空有区块链没有实体经济的企业注定走不远，一个不能在实际生活中运用的技术对社会也不存在价值。

真正的风口,从来都是能为实体经济和社会发展释放能量的技术,也是历史的最终选择。这一点,区块链不会是例外。